「失敗」からひも解く

シティプロモーション

―なにが「成否」をわけたのか

河井孝仁 著

第一法規

は　じ　め　に

　本書は、近年、多くの自治体で行われている「シティプロモーション」について、具体的な事例を取り上げつつ、シティプロモーションの成功とは何か、その成功をもたらすものは何であるのかを、筆者なりの考え方として示したものである。

　そう、本書は、あくまで筆者としての考え方を述べたものであり、検定を通ったシティプロモーションの「教科書」ではない。

　その意味で、本書の第1章にある「1．シティプロモーションとは何だろう」に共感できるか否かは、リトマス試験紙になる。第1章を斜め読みして、筆者の考え方に共感できなければ、当然ながら、その後の記述は無意味なものとなるだろう。

　逆に「そういう考え方を基礎にシティプロモーションを考えてみたい」という想いを持ったならば、その後の記述は、必ず有用になると考える。

　本書の書名は、『「失敗」からひも解くシティプロモーション—なにが「成否」をわけたのか』となっている。しかし、取り上げた自治体におけるシティプロモーション全体が失敗だと、超越的な「正しい」視点から評価しているわけではない。その意味では、失敗が定まった事例はひとつも書かれていない。す

i

べての事例がチャレンジである。また「成否」をわけたか否かもこれからわかることだ。

　それぞれの自治体のシティプロモーション全体を成功だ、失敗だと考えるほど、筆者も不遜ではないつもりだ。取り上げた事例は、自治体全体の取組みから見れば、個別的な部分だろう。また、筆者の目の届かないところに、筆者が学ばなければならない記述があり、記述はされていなくても当然の前提として内部で共有されているものもあったかもしれない。

　それぞれの自治体が想いを持ってシティプロモーションを進めている。「正しさ」は多様にある。その取組みが、自治体に関わる人々の幸せを持続的に実現できるのであれば、それらはすべて正しい。

　本書は当初『シティプロモーションは魔法の杖なのか』というタイトルから発想された。このことばはもちろん反語的表現であり、シティプロモーションが魔法の杖であるはずはないという反応を期待したタイトルであった。

　つまり、超越的なシティプロモーションの「正しさ」などは存在しない。魔法の杖ではあり得ないシティプロモーションという取組みを、そのつど、そのつど、自治体が実現すべき人々の持続的な幸福にひもづけながら、考え続けなければならない。そのための議論の素材を示したいとの想いのもと、本書は企図された。

読者諸氏の十分な期待に応えられていないとすれば、その責は専ら筆者にあるが、本書編集者である和久井優氏の的確な支援と、わかりやすい図を描いてくれた原田紘子氏により、シティプロモーションを考えるための新たな波紋を広げる石を投げ込めたとの自負はある。「シティプロモーションは魔法の杖なのか」に答える、皆さんの旅を期待する。

　平成29年8月

河井　孝仁

もくじ

はじめに

第1章　これまでのシティプロモーションのあり方と限界

1. シティプロモーションとは何だろう……………………………… 2
   (1) シティプロモーションは美しくない……………………… 2
   (2) シティプロモーションは「担い手」をつくる…………… 5
   (3) シティプロモーションは「意味のある自分」をつくる… 8
   (4) シティプロモーションは美しい………………………… 11

2. シティプロモーションはもう疲労困憊なのか…………………… 15
   (1) 直接か間接であるかは大違い…………………………… 16
   (2) 縦割りを上手に使う……………………………………… 17
   (3) 仕事をしないことが仕事をすること…………………… 20
   💡column　成果指標………………………………………… 24

第2章　シティプロモーションが「失敗」する

1. シティプロモーションにおいての「成功」とは？…………… 26

2. 少子高齢化は悲劇なのか…………………………………………… 30
   (1) まちの活力とは何だろう………………………………… 30
   (2) お年寄りは活力がないのか……………………………… 32
   (3) 時の変化が克服するもの………………………………… 37
   (4) まちの違いに注目する…………………………………… 39
   💡column　フューチャーセンター………………………… 41

3．キャッチフレーズをつくることがシティプロモーションなのか…42

  (1) キャッチフレーズとブランドメッセージと

    ロゴマークの違い………………………………………42

  (2) 改めてブランドメッセージについて確認する……………46

  (3)「いただきへの、はじまり富士市」への期待……………51

    ①メインメッセージをボディメッセージで支える………51

    ②ボディメッセージを現実のものにする………………53

  (4)「島田市緑茶化計画」でどんなまちをつくるのか………56

  (5)「素通り禁止！足利」の危惧と可能性…………………60

  (6)「名古屋なんて、だいすき」が目指すもの………………61

  (7)「KitaComing！北上市」の曲折…………………………66

    ①ペルソナ作成から生みだされたブランドメッセージ………67

    ②サブメッセージとボディメッセージに支えられた

    ブランドメッセージ……………………………………72

  💡column　ペルソナ……………………………………76

4．シティプロモーションにおけるターゲティングって何だろう

………………………………………………………………77

  (1) 藤枝市・和泉市・戸田市・各務原市戦略に描かれた

    ターゲット……………………………………………77

  (2) 欲しいターゲットと共感してもらえるターゲット………79

  (3) 広すぎるターゲット層では意味がない…………………82

  (4) 地域連携によって生まれるターゲット…………………86

  💡column　ターゲティング…………………………91

v

5. 「仲よくやりましょう」だけでは成功は難しい ……………92
　(1) 協働の成果を上げるには……………………………………92
　(2) 「大学発・政策提案制度」が期待したこと ………………95
　(3) それぞれに弱みと強みがある………………………………96
　(4) 「何を行わないのか」から考える ……………………… 101

6. 「とにかく知ってもらわなくちゃ」だけでは成果は上がらない
　…………………………………………………………………… 104
　(1) 認知獲得のためのドミナント・トレンド・ギャップ……104
　(2) なぜ自治体動画ははやるのか……………………………… 108
　(3) 久喜市「1000人クッキーダンス」の達成と課題……… 110
　(4) 志布志市「ＵＮＡＫＯ（少女Ｕ）」は失敗か …………… 113
　💡column　ダイバーシティ ………………………………… 118

7. 市民参加は大事ですという「失敗」………………………… 119
　(1) 共創エンジンを回すということ…………………………… 119
　(2) 「KitaComing！北上市」での市民の当事者化 ………… 120
　(3) ブランドメッセージとロゴマークは別々でもいい……… 122
　(4) 「市民記者」を超えて ……………………………………… 127
　(5) 豊能町魅力発掘隊ミーティングの実証…………………… 131
　(6) 強い推奨者、参画者の仕事………………………………… 135

第3章　この戦略なら成功する

1. 戦略は明文化するといい…………………………………… 142
2. 目的を設定する……………………………………………… 148

3．現状分析をして結果を示す……………………………………… 150

4．目的達成のための具体的施策を考える…………………………… 153

   （1）ブランドを提起する…………………………………… 154

   （2）ブランドを浸透させる………………………………… 156

   （3）まちの中を支援する…………………………………… 160

   （4）役所の中を支援する…………………………………… 165

5．推進するための体制は……………………………………………… 170

6．評価をしなければ戦略ではない…………………………………… 173

7．那須塩原市シティプロモーション指針は見本に使える……… 177

第4章　国の外から見えるもの

1．ポートランド………………………………………………………… 182

   （1）大きな絵と個人の絵…………………………………… 182

   （2）まちの空気を見えるように…………………………… 187

2．ニューカッスル・アポン・タインとゲーツヘッド………… 191

   （1）エンジェルエフェクト………………………………… 191

   （2）まちを語る仕掛け……………………………………… 195

3．私たちが学ぶものは何か…………………………………………… 201

おわりに

イラスト　原田紘子

第 1 章

これまでの
シティプロモーションの
あり方と限界

1. シティプロモーションとは何だろう

「一匹の妖怪が日本を徘徊している。地方創生という妖怪が」と、切りだしてもいいのかもしれない。

とにかく、地方創生というものが話題になっている。そうした中で、多くのまちが「自分たちのまちはこんなに魅力的だよ」と訴える「シティプロモーション」というカタカナの取組みを行っている。

それに加えて、「シティプロモーション」という名前の付いた部や課や室をつくるような動きも見られる。

そして、少なくない人から「シティプロモーション？　何やっているの？　イベント屋さん？　よくわからないなあ。ああ、地方創生ね」といわれたりしている。中には、そうした名前の部や課にいる人々自身が、何をやればよいのかわからないこともある。

(1) シティプロモーションは美しくない

シティプロモーションとは何だろう。多くの人がシティプロモーションとは何かを知りたくて検索している（図表1-1）。

シティプロモーションとは、端的にいえば、まちをいきいきさせるための取組みだ。

図表1-1 Google トレンドによる「シティプロモーション」という語の検索の変化

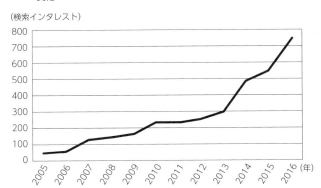

　日本という国は、少子高齢化社会、あるいは少子超高齢社会ということになっていて、そうなると、多くのまちが、幽霊のように「消滅」するそうだ。これは地方創生という妖怪を生みだした母親のような人たちが示している。データを見ると、まんざら嘘でもないように見える（図表1-2）。

　しかし、幽霊にはなりたくない。何とか持続したい。そう考えた、また、考えさせられたまちの役所が、よくわからないカタカナの「シティプロモーション」に走っている。

　まちの役所が「とにかくサービスをします。お年寄りではなく若い人、できれば子どものいる人、そうした皆さんに大サービスしますので来てください。これもやります。あれもやりま

図表1-2　地方創成会議による消滅可能性都市の都道府県別割合

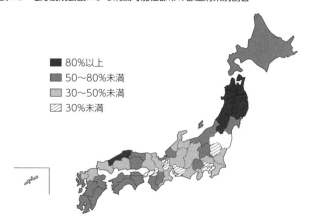

す」と一生懸命に叫ぶ。そのように取り組み、他の地域から人口をただひたすらに奪い取ろうとする。そうすることによって「持続」しようとする。

　シティプロモーションを、そのように考えているらしいまちの役所もある。それをお金やことばで後押ししているような人たちもいる。

　しかし、それは徹底的に美しくない。

　美しくないまちに、人は共感を持つことはない。ほかよりいいサービスがこんなにありますと叫ぶだけで人口を奪い取ろうとするまちに、人は共感ではなく欲望によって居住する。まちの外にいる人たちは、そのまちに憧れを持たず、哀れみを持

つ。

シティプロモーションとは欲望と哀れみを生みだす道具ではない。

(2) シティプロモーションは「担い手」をつくる

シティプロモーションは、まちに住む人やまちに関わる人たちの、想いと働きを生みだす道具だ。

シティプロモーションという仕掛けによって想い・意欲を持った、まちに住む人たちや、まちに関わる人たちが動きだす。役所だけに頼らない、役所だけでは担いきれない、役所では担えない様々な人を幸せにする仕組みや、まちの困ったことを解決しようと働きだす。そのためにシティプロモーションがある。

少子高齢化社会や少子超高齢社会というものが、まちを消滅させるというのは、まちの「担い手」がいなくなるからではないのか。

人口という頭数（あたまかず）が、そのまま、まちの「担い手」になれるのか。人口という頭数が減っていくことをできる限り押しとどめるだけでは、まちの担い手を確保することにはならない。

まちに住む人やまちに関わる人たち一人ひとりの、まちをよくしようという想いを高め、想い・意欲に基づく働きを促す。

その想い・意欲・働き全体の量（総量）を増やす。そのことが「担い手」を確保することにつながる。

　今まで、まちに住んではいても、まちをよくしようという想いや意欲を持たなかった人がいる。そうした人たちに、まちへの想いや意欲を高めることで、まちをよくするために働きたいと考えてもらう。

　今まで、そのまちのことを知らなかった、まちの外に住む人がいる。そうした人たちに、まちの魅力を伝え、「いいな」と思ってもらい、そのまちへの想い・意欲を高め、できる範囲で何かしたいと考えてもらう。

　それが、まちの「担い手」を増やすということだろう（図表1-3）。

図表1-3　「まちの担い手」模式図

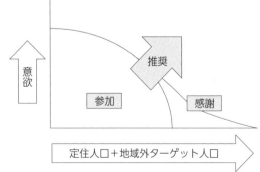

ただ、そのまちに住み、そのまちからサービスを受け、税金を「とられるもの」と思い、まちの選挙にも行かず、役所に文句をいい、隣近所に文句をいう頭数を増やすことが、まちの「担い手」を増やすということなのか。そうではない気がする。

では、何が、まちへの想いと働きを生みだすのだろう。必要なことは、まちへの誇り・共感ではないか。

自分が関わるまちへの誇り・共感が、まちへの想いと働きを生みだす（図表1-4）。

自分が住むまちの魅力をひとつも挙げられない人の約75％が、まちをよりよくするために働くつもりはない。

一方で、自分が住むまちの魅力を5つ以上挙げられるという人の約75％が、まちをよりよくしたいと思っている。

だから、シティプロモーションは、まちの魅力を様々に示し

図表1-4　筆者によるインターネット調査（2015年）

		まちをよくするために活動したいか				
		積極的に活動したい	まあ活動したい	あまり活動したくない	全く活動したくない	計
まちの魅力をいくつ挙げられるか	0	1 1％	19 23％	33 41％	28 35％	81 100％
	1〜4	11 4％	135 50％	104 39％	20 7％	270 100％
	5つ以上	11 17％	39 60％	13 20％	2 3％	65 100％

ていく。だから、シティプロモーションは、まちの魅力を語れるようにする。そうすれば、まちをよくしようと働く人も増える。そういうことだ。

(3) シティプロモーションは「意味のある自分」をつくる

シティプロモーションは、まちに関わる人たちの、緩やかに続く幸せを実現するためにある。

幸せとは、物質的な満足以上に、自分には意味があるという想いがより高い意義を持つ。アブラハム・マズローが欲求5段階説という考え方で示しているものだ（図表1-5）。

そうであれば、シティプロモーションは、まちの人たちに「自分は意味のある存在」だと思ってもらう取組みであったほうがいい。

図表1-5 マズローの欲求5段階説

そんなことができるだろうか。

それを示唆するデータがある（図表1-6）。

自分が住むまちの魅力を短いことばで語れるという人の約75％が、自分のことを意味のある存在だと思っている。

自分が住むまちの魅力を短いことばでは語れないという人の約60％が、自分のことを意味のある存在だと思っていない。

つまり、まちの魅力を語れることが、自分は意味がある存在だと思うことにつながっている。まちの魅力を語れることが、まちへの親しみ・愛情になる。その親しみ・愛情の対象であるまちをよりよくしたいと思い、まちに関わる。まちに関わるこ

図表1-6　筆者によるインターネット調査（2017年）

		自分自身が意味のある存在だと思うか				
		十分に思う（%）	ある程度思う（%）	あまり思わない（%）	全く思わない（%）	実数（人）
住んでいるまちの魅力を短いことばで述べられるか	十分にできる	50.0	30.6	16.7	2.8	36
	ある程度できる	8.7	63.6	23.3	4.3	253
	小計	**13.8**	**59.5**	22.5	4.2	289
	あまりできない	8.3	34.3	47.9	9.5	169
	全くできない	13.0	14.8	33.3	38.9	54
	小計	9.4	29.6	**44.4**	**16.6**	223

とで自分の存在意義を確認できる。それが結果として、自分には意味があるという感情につながる。そう考えてもよいのではないか。

　だから、シティプロモーションは、まちの魅力を語れるものにする。そのようにすれば、まちをよくしようと働く人が増えるだけではなく、自分は意味のある存在だと思う人も増やすことができる。

　そのために、シティプロモーションは、まちの魅力を様々につなぎ合わせ、ほかのまちとは異なる力を持つ「語りたくなる」存在として、私たちのまちを描きだす。

　私たちのまちは、様々な魅力に支えられ、短いことばで語ることができる、ほかのまちとは異なる「空気」「雰囲気」があるまちだと語れるようにする。

　まちに住む人や、まちのNPO・会社による、まちでの多彩な活動を、その「空気」「雰囲気」にひもづける。

　「あなたたちの活動があるからこそ、まちの魅力が生まれ、まちの特別な『空気』『雰囲気』が生まれ、このまちを支えることにつながっている」と伝える。

　シティプロモーションは、そうやって、まちの人たちを元気づける。あなた方には意味があると伝える。

(4) シティプロモーションは美しい

シティプロモーションは、サイズの異なる金太郎飴のような
まちをつくることではない。例えるならば、現在という時期
を、まちにとってのカンブリア紀にしていくものだ。

カンブリア紀とは地質時代、古生代前期における区分のひと
つである。５億年ほども前の時代になる。大昔だ。この時期に
「カンブリア大爆発」という現象が起きた。様々な異質な生物
が爆発的なほど多様に現れた時代だ。

様々なまちでシティプロモーションが行われる。それによっ
て、ほかとは違うどのようなまちなのかという多様性が生ま
れ、人が様々な異質な生き方を選択できるようになる。シティ
プロモーションが、まちにとってのカンブリア紀を可能にす
る。

それぞれのまちで異なる取組みを行うことによって、まちに
住む人たちやまちのNPO・会社が、まちへの参加、まちの推
奨、まちへの感謝を増やしていく。

そうした参加・推奨・感謝を力として、まちへの共感を持つ
人たち、NPO・会社による、様々な人を幸せにする、あるい
は、まちの困ったことを解決するサービスが提供される。

そうなれば、少子高齢化社会や少子超高齢社会という状況に
あっても、まちに関わる人たちの幸せを支えるサービスは維持

できる。

　これが実現するなら、サービス供給に大わらわとなり肥大する役所ではなく、効率化され、意欲あるまちの人たちと連携した、小さいが能力の高い役所が実現する。

　シティプロモーションによって、まちに住む人たちやまちのNPO・会社が「自分たちのまちは、ほかとは違う特別な『空気』『雰囲気』のあるまちだ」と思えるようになる。

　そうなれば、まちに住む人たちやまちのNPO・会社が、まちの外に住む、そうした「空気」「雰囲気」に共感してもらえそうな人たち（地域外ターゲット）へ呼びかけ始める。

　「うちのまちは、こんなすてきなまちだ」「うちのまちには、こういう人が住みやすい」「うちのまちには、こんなすてきなものがある」「うちのまちには、こんなおもしろい人がいる。ぜひいらっしゃい。あなたがしっくりくる場所がここにある」。

　ターゲットとして呼びかけられ、共感した、まちの外に住む人たちが、次には、呼びかける人になる。

　「私は住んではいないけれど、あのまちはとってもいいまちだよ」「一度行ったことがあるあのまちは、こんなすてきなまちだったよ」。

　まちに住む人たちの推奨意欲・参加意欲・感謝意欲に加えて、まちの外からまちに共感する人たちの推奨意欲、これらすべてを加えたものを「地域参画総量」といおう（図表1-7）。

図表1-7 地域参画総量模式図

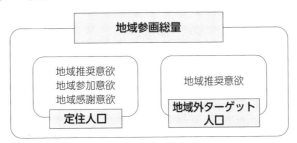

　地域参画総量を増加させることができれば、具体的な定住促進、産品振興、交流拡大の取組みにとっての、熱を持ったしなやかな土台になる（図表1-8）。まちのために働こうとする力によって生まれる熱を持ったしなやかな土台を基礎として、まちは人々の持続的な幸せを実現できる。

　シティプロモーションによって、まちに関わる人たちは、自分をまちにとって意義のある存在だと思える。生きがいを持って、そのまちに関わることが可能になる。

　よくわからないカタカナのシティプロモーションとは、実のところそうしたものだと考える。そうしたものと考えることで、シティプロモーションは、少しは美しい取組みになる。

図表1-8　地域参画総量を基礎にした地域経営模式図

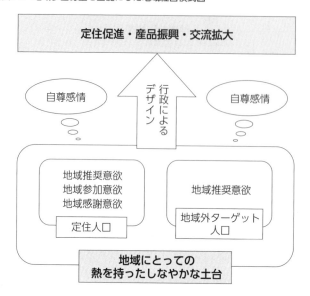

2. シティプロモーションはもう疲労困憊なのか

シティプロモーションは美しいかもしれない。しかし、一方で、シティプロモーションに関わっている人たちは、疲れ果てているかもしれない。

なぜ、疲れ果てるのか。自分の守備範囲の限界を超えて仕事をしてしまい、疲労困憊してしまうからだ。

シティプロモーションが直接にできることは、前に述べた4つの意欲による「地域参画総量」を高めることだけだ。4つの意欲とは、まちに住む人たちが自分の住むまちをお勧めしたいという意欲（地域推奨意欲）、自分の住むまちをよりよくするために働きたいという意欲（地域参加意欲）、まちをよりよくしようとする働きに感謝する意欲（地域感謝意欲）、そして、まちの外からまちに共感してくれる人たちが、そのまちをお勧めしたいという意欲（地域推奨意欲）である。

この4つの意欲を高めることによって、まちに住む人たち、まちのNPO・会社、まちに共感する人たちが、まちに関わる様々な人を幸せにしようとする、まちの困ったことを解決しようとする、そうした働きを、間接的に支えることができる。

これらを支えることができれば、こうした人たちの働きによって、まちに住みたい、住み続けたいという人たちを増やせ

るかもしれない。まちの魅力的な産品を購入したい、購入する
という人たちを増やせるかもしれない。さらに、まちの中で積
極的に交流したい、交流するという人たちを増やせるかもしれ
ない。

(1) 直接か間接であるかは大違い

　改めて確認すれば、シティプロモーションができることの第
1は意欲向上という直接的な取組みであり、第2はそれによっ
て、まちに住む人たちや、まちのNPO・会社による資源獲得
を支えるという間接的な成果だ。

　ところが、この直接的な活動とそれによって間接的に生みだ
されるものとが混同されることがある。

　そのため、役所によるシティプロモーションの取組みが、ず
るずると野放図に広がっている。野放図に広がることによっ
て、疲れ果てる人たちがいる。

　しかも、シティプロモーションにどう取り組むかは、まちの
役所や、まちの人たちが決定するものだ。ところが、別の誰か
が、地方創生という妖怪が生みだすお金の流れをてこに、取組
みのよしあしを判断することがある。それによって、この野放
図な広がりが助長される。困ったことだ。

(2) 縦割りを上手に使う

役所は縦割りで困ったものだといわれる。

しかし、私は、縦割りそのものがだめだとは思わない。ある程度大きな組織にとって、一つひとつの仕事を効率よく行うためには、縦割り構造は悪くない。縦割りがなくなってしまえば、混沌だ。

ただし、この縦割りが横の連絡を失い、タコツボのようになってしまうと、よくない状況を生む。

「縦割りそのものがだめなわけではない」ということを前提にして考えたとき、シティプロモーションは、どう行われるとよいのだろうか。

シティプロモーション部局は、4つの意欲の向上を図り、まちのために働こうとする人たちやNPO・会社を支えるだけでいい。

ところが、どこかで定住人口の獲得、交流人口の拡大につながれば、そのすべてをシティプロモーション部局が行っている役所がある。そうしたシティプロモーション部局は、疲れ果てる。商店街整備や道路建設、空き家活用、企業誘致、宅地開発、窓口受付などの仕事は、たとえ定住人口の維持・獲得につながろうと、交流人口の増加につながろうと、シティプロモーション部局の仕事ではない。

だからといって、そうした仕事はシティプロモーション部局とは縁がないということでもない。

　シティプロモーション部局は、そうした仕事の中に、4つの意欲向上を埋め込むことに努力する。

　なぜなら、こうした意欲の量は、まちをいきいきとさせるための、熱を持ったしなやかな土台の大きさとなるからだ。シティプロモーションとは、この熱を持ったしなやかな土台をつくる取組みだ。

　そのように考えるのであれば、シティプロモーション部局は、商店街整備によって売上げがどれだけ伸びたのか、来街者がどれだけ増えたのか、道路建設によって事故がどれだけ減ったのか、目的地への到達時間がどれだけ短くなったのか、窓口対応によって時間当たりどれだけ処理件数を増やすことができたのかという、役所内の様々な組織の目的にはいったん目を閉じる。

　その上で、その商店街整備によって、その道路建設によって、その窓口対応によって、地域参画総量がどのように向上したのかを気に留める。そして、十分な向上があれば、「それはすばらしい」と伝え、意欲量を向上させた組織を褒める。さらに、どうして向上できたのかを学び、他の組織にも伝える。

　同じように目的地への到達時間が短縮できた道路建設であっても、同じように時間当たりの処理件数を増やすことができた

窓口対応であっても、まちをお勧めしたい、まちをよりよくする取組みを行いたい、まちがよりよくなる働きに感謝したい、という意欲に結びつくか、結びつかないかは異なるはずだ。

　道路建設に当たって、その時々に関わる人たちの想いを十分に聞き取って行われたものと、20年前に決められた計画だからと、たんたんと進められたものとが、同じように４つの意欲を向上させるとは考えられない。

　窓口対応に当たって、笑顔で話しかける担当者による仕事と、来訪者の目を見ることもなく処理をする担当者による仕事が、同じように４つの意欲を向上させるとは考えられない。

図表1-9　シティプロモーション部局と行政他部局模式図

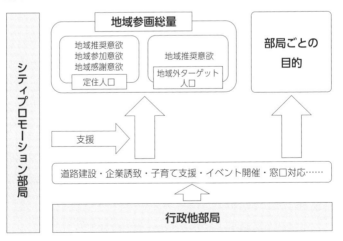

シティプロモーション部局が道路を建設するわけでも、窓口での対応をするわけでもない。しかし、道路建設や窓口対応に当たって、どのように４つの意欲量を向上させることができるのかをアドバイスすることはできる。それによって、まちをいきいきとさせる、熱を持ったしなやかな土台をつくることができる。道路建設を行う部局、窓口対応を行う部局は、それぞれの目的を実現するために仕事をする。縦割り構造である。そこに４つの意欲の向上という横軸を入れる。シティプロモーション部局の仕事である（図表1-9）。

(3) 仕事をしないことが仕事をすること

このことは、役所の中だけに限らない。

まちに住む人たちやまちのNPO・会社、まちの外からまちに共感する人たちによる多彩な活動がある。それらの活動にはそれぞれの目的がある。まちの美化であり、自然環境保護であり、イベントによる集客である。

シティプロモーション部局は、そうした活動へも目配りをする。

しかし、行うのは目配りであり、シティプロモーション部局がまちの美化や自然環境保護、イベントによる集客を行うのではない。

それぞれの活動が、どのように４つの意欲を向上させるかに

目配りし、それぞれの活動を担う人たちに４つの意欲を向上させたいと考えてもらい、それぞれの活動を担う人たちが４つの意欲を向上させるための支援を行う。それが、シティプロモーション部局の仕事になる。

シティプロモーション部局がイベントを行ってはいけないということではない。そのイベントを、４つの意欲を直接向上させることを目的に行うならば、もちろんシティプロモーション部局の仕事だ。

仕事は、設定した目的を実現するために行われる。イベントだからシティプロモーション部局が行うのではない。そのイベントが何を主な目的にしているのか、なぜ行うのか、それによって、どの組織がそのイベントを担うのかを考えたほうがいい。

シティプロモーションを上手に行うには、極端にいえば、シティプロモーション部局がいかに仕事をしないのかが大事だ。

シティプロモーション部局だけの力には限りがある。役所内の多彩な組織が様々に関わり、まちに関わる人たちがそれぞれの力でまちを担う。それによって、まちへの推奨意欲、参加意欲、感謝の意欲を高める。高めた意欲量を基礎に地域を維持する資源を獲得することができる。

シティプロモーション部局は、指標を的確に立てること、その指標が「なぜ実現できるようになるのか」を説明すること、

必要なメディアを整備すること、メディアの活用手法をアドバイスすること、進行管理をすること、そうした役割だけを担う。

　これは観光部局の仕事ではないか、これは産業部局の仕事ではないかと常に疑い、そうした仕事をシティプロモーションに結びつけるための支援に回ることが役割だ。

　手を突っ込みすぎていいことはない。「俺の仕事をどうするつもりだ」「だったら全部やってくれ」という結果になること

図表1-10　シティプロモーション部局業務模式図

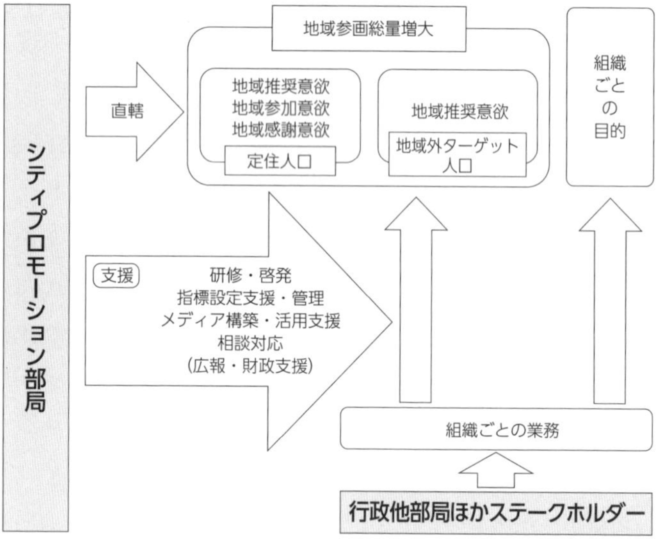

シティプロモーション部局

直轄 →

地域参画総量増大

地域推奨意欲
地域参加意欲
地域感謝意欲
定住人口

地域推奨意欲
地域外ターゲット人口

組織ごとの目的

支援
研修・啓発
指標設定支援・管理
メディア構築・活用支援
相談対応
（広報・財政支援）

組織ごとの業務

行政他部局ほかステークホルダー

第1章　これまでのシティプロモーションのあり方と限界

は明らかだ。

　できるなら、役所内の様々な組織ごとに「あなたの仕事で、誰の地域推奨意欲、誰の地域参加意欲、誰の地域感謝意欲をどれだけ上げられるでしょうか」という**成果指標**💡を設定してもらう。その設定や達成のために困難があれば、シティプロモーション部局が支援するという形ができるといい。

　ただし、指標を押しつけてはならない。役所内の様々な組織の自発的な取組み、その目的を実現したときの笑顔が大事だ。

　まずは簡単に達成できる指標の自発的な設定を求め、その設定及び達成をトップが褒めるという漸進的な方法がいい。役所内の様々な組織が外から褒められ、シティプロモーション部局が中から褒められることがいい成果につながる。シティプロモーション部局といわれていた担当者、部局が、実はシティプロモーションをプロデュースする部局であることを意識できるようになるといい（図表1-10）。

成果指標

　シティプロモーションの成果指標は、市民による、①まちを推奨する意欲の量、②まちに参加する意欲の量、③まちのために働いている人に感謝する意欲の量に、④地域外に住むターゲットとなる人々による、まちを推奨する意欲の量、の合計によって計算される「地域参画総量」の増加である。

　一方で、各事業担当部局はそれぞれの成果指標を持っているだろう。それは例えば、道路舗装率であり、窓口対応満足者数である。これに加えて、道路が舗装されたことや窓口対応を充実させたことにより、①～④がどのように増えたのか、どのように変化したのかを、各事業担当部局がそれぞれの判断で自主的に把握し、首長・幹部及びシティプロモーション担当に報告・連絡してもらえるようにする。

　その数値が向上していれば、首長・幹部が積極的に評価するような仕組みを用意することも重要だ。

　その際、厳密な測定を依頼したり、横並びを意識したりすることは望ましくない。後述するネット・プロモーター・スコア（NPS）や修正地域参画総量指標（mGAP）をもとに数問の簡易なアンケートで測定できるように、また、対象者も、事業担当者が適切だと思うものを選定できるようにすることが大事である。

第**2**章

シティプロモーションが
「失敗」する

1. シティプロモーションにおいての「成功」とは？

シティプロモーションは数々の「失敗」をしている。

周りの市町村がシティプロモーションといわれる取組みをしているから、私たちもやろう。地方創生の交付金も獲得できた。お金は何とかなる。

どうやらキャッチフレーズが必要らしいから、デザイン会社に何かつくってもらおう。おしゃれなことばができた。地元の新聞にも掲載された。

市民参加も大事だ。公募市民と「産学官金労言」とかいうことばもあるらしいから、産業界・教育機関・行政機関・金融機関・労働団体・マスコミから都合のいい人に来てもらって話し合ってもらおう。

そろそろ動画が欲しい。目立つ動画が必要だ。KPI（重要業績評価指標）というものがないと国からの地方創生の交付金がもらえない。YouTube での再生回数を KPI にすればいい。30万回も再生された。大成功だ。シティプロモーションは大成功だ。

シティプロモーションとは何を獲得するものだろうか。シティプロモーションは成果指標を間違えたまま始めると高額なおままごとになる。シティプロモーションはまちをいきいきさ

せるための、熱を持ったしなやかな土台をつくる取組みである。シティプロモーションは目立てばいいわけではない。

　まちに住む人たちや、まちの外からまちに共感する人たちによる、まちをお勧めしたい、まちをよりよくする取組みを行いたい、まちをよりよくしようとする働きに感謝したい、という意欲をまちに組み込むことが、熱を持ったしなやかな土台をつくることになる。

　定量的な成果指標を持つことは必須である。それも、動画・キャッチフレーズ・イベントそれぞれではなく、シティプロモーション全体としての成果指標が求められる。

　この成果指標を計測するために、筆者は、mGAP（修正地域参画総量指標）という成果指標を提起している（図表2-1）。この指標を使って、まちに住む人たちや、まちの外からまちに共感する人たちによる、まちをお勧めしたい、まちをよりよくする取組みを行いたい、まちをよりよくしようとする働きに感謝したい、という意欲を常に計測する。

　それによって、シティプロモーション全体、そして、そこにつながる一つひとつの事業を評価し、取捨選択し、資源配分を考えることが必要だ。

　mGAP は、まちに住む人たちの地域推奨意欲の量、地域参加意欲の量、地域感謝意欲の量と、まちの外からまちへの共感を獲得できる人たちの地域推奨意欲の量の足し算によって計算

する。

　各意欲の量は、意欲に人数を掛け算して求める。

　意欲はフレデリック・F・ライクヘルドが提示したブランドの力を計測するための指標であるネット・プロモーター・スコア（NPS）を参考に定量化する。

　mGAPで用いるNPSは、10から0までで意欲の強さを尋ね、8以上と答えた者のパーセントから、5以下と答えた者のパーセントを引き算することによって求める。

　まちに住む人たちの数はまちの人口である。図表2–1では

図表2-1　修正地域参画総量指標（mGAP）模式図

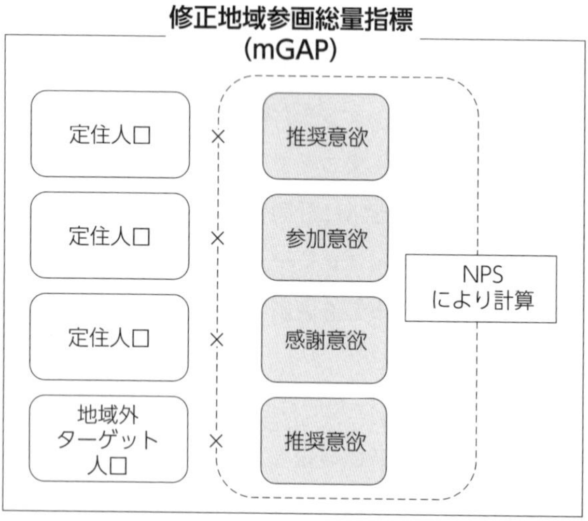

「定住人口」を指す。

　まちの外からまちへの共感を獲得できる人の数は、サンプル調査でおおむねの数を推定する。例えば「豊かな自然環境のもとで子育てをしたいと考え、主な家計維持者の職場が当該地域から１時間以内の世帯」及び「有機栽培の茶を好み、日本への訪問を希望しているクリエイティブな仕事についている台湾人」というような人が全体の中で何人ぐらいいるかを調べようということだ。図表2-1では「地域外ターゲット人口」を指す。

　このことを前提に、シティプロモーションの「失敗」を考えていこう。

2. 少子高齢化は悲劇なのか

(1) まちの活力とは何だろう

　現在の日本は、少子高齢化社会、あるいは少子超高齢社会といわれる（図表2-2）。

　少子高齢化は困るのか。困るといわれている。悲劇だと考えられている。それは「活力」が失われるからだ。「活力が失われている」——多くのまちのシティプロモーション戦略や指針

図表2-2　人口推移

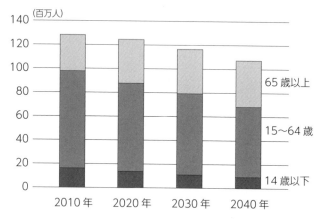

（出典：2010年は国勢調査、2020年以降は国立社会保障・
人口問題研究所（2012年）による中位推計）

第2章 シティプロモーションが「失敗」する

等の背景に出てくることばだ。ところで、「活力」とは何だろう。

　「活力」とは、地域を緩やかに少しずつ維持発展させるための、熱を持ったしなやかな土台ではないのか。そのように考えるのであれば、「活力」とは、まちに住む人たちや、まちの外からまちに共感する人たちによる、まちをお勧めしたい、まちをよりよくする取組みを行いたい、まちをよりよくしようとする働きに感謝したいという想い・意欲を指す。

　これは、地域参画総量であり、mGAPにより定量化できるとも述べた。「活力」をこのように定量化すれば、少子高齢化が必ずしも「活力」を減少させるものではないことがわかる。

　確かに、少子高齢化が進み、一定の時間が経過すれば、まちに住む人たちの数は減る。しかし、それを補い、「活力」を維持、増加する方法は2つある。

　ひとつは、まちに住む人たちの3つの意欲を高めることだ。例えば、人口が20％減少しても、残った人たちの意欲が40％高まれば、まちに住む人たちの「活力」は減少せず、増える計算になる。

　もうひとつは、まちの外からまちに共感する人たちの人数と意欲を増やすことである。地域の外から、そのまちを応援したい人を増やすことで、全体としての「活力」を維持するという考え方ができる（図表2-3）。

図表2-3　人口減少と「活力」模式図

人口 10（万人）× 意欲 1.0＝10

人口 8（万人）× 意欲 1.0＝8

人口 8（万人）× 意欲 1.4＝11.2

人口 8（万人）× 意欲 1.4＝11.2	地域外からの意欲

(2) お年寄りは活力がないのか

　ところで、どうして、まちの「担い手」は若者ということになっているのだろう。お年寄りだって中年だって、まちへの想いや意欲を、改めて、あるいは初めて高めることで、できる限りの働きをすることはできる。むしろ、お年寄りのほうが時間はあったりするはずだ。

　意欲は年齢とは反比例しないのではないかということだ。

　20歳の人間の地域に関わろうとする意欲は、80歳になると必ず4分の1になるのか。そんなことはない。つまり、高齢化が必ずしも悲劇であるというわけではない。

　「いや、お年寄りには想いがあっても、働けなくなる」とい

第2章 シティプロモーションが「失敗」する

う意見もあるだろう。でも、それは、さすがに素朴すぎない
か。意欲あるお年寄りを実際の活動に導けるかどうかはデザイ
ンによる。デザインとは見た目ではなく、課題解決をより行い
やすくするための手法だ。

シティプロモーションの守備範囲でいえば、意欲を高めるこ
とはシティプロモーション部局の仕事であり、意欲を具体的な
推奨・参加・感謝に導くデザインは、役所内の多彩な組織や民
間の力が担う。

島根県雲南市は極めて先進的な取組みを行っている。「地域
自主組織」というデザインで、意欲を持ったお年寄りが、まち
をよりよくする具体的な活動に取り組んでいる。

同市内の塩田地区振興会では、耕作放棄地の環境整備として
お年寄りを含むまちの人たちがアーモンドの植栽をしている。
旭町二自治会いきいきサロン「もみじ会」でも、お年寄りを含
むまちの人たちが、三刀屋川堤の花見の名所、三刀屋大橋南詰
の東屋付近を掃除している。

お年寄りが増えることは、弱者が増える、つまりサービスの
受け手が増えるとだけ考えていないか。

お年寄りの意欲を高め、お年寄りが増えることをサービスの
担い手を増やすことにつなげるデザインがあれば、「活力」を
増やせる。増えた「活力」をもとに、まちを緩やかに発展させ
ていくことも不可能ではない。むしろ、仕事に追われる壮年の

33

人間よりも、比較的時間に余裕のあるお年寄りのほうがまちの担い手になりやすいかもしれない。

　デジタル技術やインターネットを利用した技術は、こうしたデザイン設計にとって追い風だ。お年寄りはデジタル技術やインターネットには疎遠であるという発想も神話になろうとしている。2015年末という、デジタルというものを考えるにはずいぶん前の統計でさえ、65歳から69歳までのインターネット利用者数は７割もいる（平成28年版情報通信白書）。しかも、その伸び率は大きい（図表2-4）。

　こうしたありようを理解し、まちに住む人たちの意欲を高め、参加に導くデザインを設計することが役所の仕事だろう。

図表2-4　高年齢者のインターネット利用率

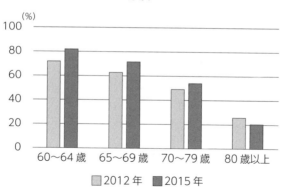

（出典：平成28年版情報通信白書）

役所の仕事とは、職員自身がサービスをしてしまうのではなく、まちに様々なサービスの担い手がつくりだされるデザインを設計する仕事だ。

役所の多くは、なぜか若者が活力の源だと考え、若年世代の移住をシティプロモーションの目的とする。

お年寄りの意欲向上や移住を考える役所は少ない。お年寄りの移住を検討する役所も、その資産などが目的であるなど、お年寄りを「活力」の源だと考えているわけではなさそうだ。しかし、お年寄りの地域への意欲を高めることができれば、よく考えたデザインによって、お年寄りが地域サービスを担うことはできる。

また、少なくないお年寄りが、長く生きてきた時間・経験により一定のネットワークを持つ。

引っ越してきた一組のお年寄り夫婦、あるいは前から住んでいたお年寄りたちの、まちへの推奨意欲を高めることができれば、彼らの力により、まちに「人を呼び寄せる力」は高まる。数十世帯というような小規模集落で考えるなら、人を呼び寄せる力による人口下げ止まりへの影響は小さくない。

確かに、お年寄りの移住は、いいことばかりではないだろう。

たとえUターン移住であったとしても、それまでの都会的な暮らしとの違いによりストレスを感じ、地域でのクレーマーに

なるのではないかという不安もわからないではない。もともと、このまちの「空気」「雰囲気」に共感を得られそうな人たちに引っ越してきてもらおうという考えを前提にしているが、そのような可能性もゼロではないだろう。

そこでも、役所のデザインが必要だ。

引っ越してきたお年寄りを「認めつつ」地域に着地させるデザインが求められる。

例えば、**フューチャーセンター**💡というものがある。フューチャーセンターについて、井上晶夫氏は「多様性豊かな参加者を招き、社会的課題解決のためのビジネスモデルを考えたり、参加者同士のつながりを促進させたりする"場"」だと述べている（http://greenz.jp/2012/08/22/futurecenter_taiwa/）。

静岡県島田市では、島田商業高校の生徒たちをファシリテーターにして、お年寄りも含めた市民が集まるフューチャーセンターが営まれている。

高校生は「弱い」。だからこそ「何かやってやるか」というまちの人たちの力を誘い込み、緩やかにネットワーク化させ、「身内」を増やすことに役立っている。

こうしたデザインを磨けば、一人ひとりのお年寄りが地域に関わって持つ様々な物語を、まちに埋め込んで、ともに楽しむこともできる。

お年寄りを含むまちの人たちの小さな物語が重なっていっ

て、まちの物語になる。こうしたことで、お年寄りを含むまち
の人たちを役所によるサービスの「お客さん」にとどめず、地
域の「文化」「物語」「空気」「雰囲気」の担い手にすることが
できる。

(3) 時の変化が克服するもの

「少子高齢化はもちろん悲劇だ」という考え方を、地域サー
ビスの担い手という側面から否定した。今度は「少子高齢化は
もちろん悲劇だ」という考え方を、地域サービスの受け手とい
う側面からも否定できるか考えてみよう。

ここでもデジタル技術やインターネットなどを使うことで話
は変わる。

今まで、まちに関わる情報の提供は一方的、かつまとめて行
われていた。しかし、これからは、それぞれの暮らしぶりに
よって異なる情報、それぞれに必要となる情報が的確に提供で
きるようになる。

「マイ広報紙」というサービス（https://mykoho.jp/）は、
その先駆けである。「マイ広報紙」とは、自治体の区域を超え
たまちの広報紙を、インターネットを利用して配信するサービ
スだ。このサービスの特徴として、横断検索ができたり、広報
紙まるごとではなく記事ごとに切り分けて読むことができる。

こうしたターゲティングされた情報提供は、まちの人たちの

幸せを支えるサービスを、無駄を少なくして提供することにも役立つ。

　地理情報システムなどのデジタル技術は、まちのデータを、様々な地図によって面として共有することも可能にしている。そうした地図を重ねてみることで、まちの見え方がはっきりして、「次に何をしたらいいのか」もわかりやすくなる。交通事故の多い場所の地図、保育所や幼稚園のある場所の地図、自転車の交通量の多い場所の地図、それらを重ねることで少人数でも有効な対策が可能になる。地理情報システムの専門家である今井修氏から聞いた話だ。

　さらに、どんどん進歩する無人航空機などの「ドローン」によっても、サービス提供は変わる。例えば、お年寄りが散り散りに住む小規模集落では、これまで地域サービスを提供する1人当たりのコストがとても大きかった。

　そのことは道路の補修などでもよくわかる。2人しか通らない生活道路のために何億円もかかったりすることがあるからだ。しかし、これからは、ドローンがさらに発展することで、見守りや物流のサービスのコストダウンもできる。

　ドローンはひとつの例だ。まちの人たちの幸せを支えるサービスをどう提供するかについて、新しい技術をいつも意識する。そうすることによって、少子高齢化が進むことで今より大きなコストが自動的に生まれ、悲劇がやってくるという神話に

疑問符を付けられる。

(4) まちの違いに注目する

　もうひとつ、まちの「空気」「雰囲気」を考えることで、少子高齢化での地域サービスの受け手について違う考え方ができる。

　シティプロモーションは、同じ物差しで順位を付けて、その順位を高めようとするものではない。なぜならば、全員が共感するまちはないからだ。

　それぞれのまちで自分の物差しを用意し、まちの特性を磨き上げ、そのまちだからこそ共感できる人たちの意欲を高め、まちを緩やかに発展させようとするものだ。

　つまり、まちの特性、まちの「空気」「雰囲気」によって、まちのありようは異なる。だから、まちの特性、まちの「空気」「雰囲気」によって、必要となるサービスは違うということだ。

　それぞれのまちの特性に応じた生活があり、そうした生活に共感する人たちがいる。そのことを前提に考えれば、すべてのまちが、都会のようなほとんどの資源を移入するまちを目指さなくていい。いや、目指してはいけない。

　例えば、農業が可能なまちで食料の多くを外部調達する必要があるのか。原子力発電所や大規模火力発電所に代表される、

エネルギーを１か所の生産地から多くの消費地に配分する仕掛けではなく、それぞれの土地で循環型エネルギーを必要な場所で必要な範囲で調達できるまちはないのか。「半農半Ｘ」という暮らしによって充実した毎日を送ることのできるまちはないのか。

そんなことができるまちでは、お年寄りが必要とするサービスは、都会のような暮らしを前提としたものとは違うはずだ。

もちろん、そうした暮らしはしっくりこないというお年寄りもいるだろう。そうしたお年寄りは、都会に引っ越したほうが幸せになれる。

一方で、都会に住むお年寄りでも、都会ではなく半農半Ｘな暮らしに共感するお年寄りもいるはずだ。

また、たとえ引っ越したとしても前に住んでいたところへの想いを持ち続け、自分は住めないけれど、あのまちがしっくりくるだろうと思われる人たちに、それぞれのまちのよさを伝えることもできる。

そうした人たちのまちをお勧めする気持ちも、まちの熱を持ったしなやかな土台、「活力」になる。

少子高齢化を悲劇にするか否かは、まちの熱を持ったしなやかな土台をつくるシティプロモーションがうまくいくかどうかによるのではないか。

成功へのヒント
column

フューチャーセンター

　富士ゼロックス株式会社のウェブサイトによれば、フューチャーセンターは「未来志向で創造的に対話するための場」とされている (http://www.fujixerox.co.jp/solution/kdi/fc/types.html)。

　「未来」「創造」ということばに共通するものは何か。それは「弱さ」だ。

　未来とは不確定なものだ。創造とは未成のものだ。いずれも弱みを持っている。フューチャーセンターは強い「正しさ」を基礎にするものではない。そこに「弱さ」があるからこそ、「未来志向で創造的に」対話することが可能であると考える。

　具体的に述べよう。島田市の事例でも明らかであったように、ファシリテーターはファシリテーターとしての訓練を十分に受けることが必要なことは当然だが、強い「正しさ」を前提としたり、強い「正しさ」を求めたりしてはならないだろう。

　その意味でも、島田市における高校生によるファシリテーションは有効だと考える。ファシリテーターが「何ができないのか」を明確に意識して、人々の声を引きだす。参加者にも「私は何ができるのか」だけではなく「私は何ができないのか」について意識的になる状況を用意した上で、フューチャーセンターを実現することが求められると考える。

　それぞれの「弱さ」を相互に埋めようとすることによって、未来が見え、そこに創造が可能になる。

3. キャッチフレーズをつくることが シティプロモーションなのか

(1) キャッチフレーズとブランドメッセージとロゴマークの違い

シティプロモーションの取組みの中で、耳目を集めるための
キャッチフレーズやロゴマークを決めることがよくある。それ
どころか、キャッチフレーズやロゴマークをつくること、さら
には、キャッチフレーズとロゴマークを広めることが「シティ
プロモーション」になっていることもある。

これは大きな間違いだ。

シティプロモーションは、まちのしなやかな土台を築くもの
だ。そう考えるなら、キャッチフレーズとロゴマークを広める
ことがシティプロモーションだとする思考は失敗だと思う。

もちろん、キャッチフレーズに意味がないわけではない。
キャッチフレーズは「知ってもらう」ためのことばだ。キャッ
チフレーズは、ことばの中にギャップやトレンドを仕込み、聞
く人の目を見張らせることで働く。

シティプロモーションを行う中で「知ってもらう」ことが重
要だという場面はある。それは、まちに住む人たちやまちに関
わる人たちに「ともにまちの魅力を発散しよう」と呼びかける
とき、とにもかくにも、まちの存在に気づいてもらおうとする

ときだ。

では、この思考は何が失敗なのか。

もちろん「知ってもらう」はずのものなのに、これでは目立たないというキャッチフレーズは失敗だ。ただし、その多くの場合は、それをキャッチフレーズだと思っているだけで、キャッチフレーズではない。

キャッチフレーズがそれなりに目立って「知ってもらう」ために働いたとしても失敗することはある。それは、キャッチフレーズというものと、ブランドメッセージというものを混同してしまうところから生まれる。

キャッチフレーズをつくっただけでは、自分のまちの「空気」「雰囲気」を明らかにはできない。自分のまちの「空気」「雰囲気」の濃度・等高線が見えないままでは、まちに共感してもらえる人たちが、どこにいるのかわからない。自分のまちの「空気」「雰囲気」の濃度・等高線が見えないままでは、どちらの方向へ、まちを磨き上げればいいのかわからない。

２つの「わからない」を抱えたままで、シティプロモーションを行うことは無理だ。

「このまちは、どんな人が、どんなふうに暮らすのが『しっくりくる』の？」という、まちの「空気」「雰囲気」を明らかにして共感を獲得するためのことばが、ブランドメッセージだ。一方、キャッチフレーズは、前述のとおり、「知ってもら

うための」ことばである。

　ブランドメッセージとして働くキャッチフレーズもある。自分のまちが誰に共感してもらえるのか、自分のまちをどのような未来に向けて営んでいくのか、それを示しつつ、目を引くものにもなっていることばがそれに当たる。

　キャッチフレーズにとどまるキャッチフレーズもある。どんな人が、自分たちのまちに共感するのか、どのようなまちに向けて、自分たちのまちを営んでいくのかを示せない。だが「えっ」と思わせて、目を引くにはいいことばだ。

　その違いをしっかりと考えてほしい。

　キャッチフレーズとブランドメッセージを混同してはいけない（図表2-5）。

　キャッチフレーズをブランドメッセージと混同し、あるいはキャッチフレーズをつくれば、それがシティプロモーションだと思い、キャッチフレーズを通してまちを知ってもらえさえすれば、シティプロモーションが成功したと思ってしまうこと、それはおそらく失敗である。

図表2-5　キャッチフレーズとブランドメッセージの違い

	機　能
キャッチフレーズ	注目を集める
ブランドメッセージ	まちの「空気」「雰囲気」を明らかにして、どんな人が共感できるのかを明らかにする

第2章　シティプロモーションが「失敗」する

　併せて、ロゴマークについても考えてみよう。

　シティプロモーションはロゴマークが好きだ。ロゴマークをつくりたがる。ロゴマークをつくって仕事は終わったと錯覚してしまうことさえありそうだ。シティプロモーションについて考えているはずが、どうしても「見えやすさ」からロゴマークのことばかり話していることさえある。

　ロゴマークはキャッチフレーズの持つ「知ってもらう」働きをさらに強めるために用いられることがある。ロゴマークはブランドメッセージの持つまちの「空気」「雰囲気」をより強く表すためにも用いられる（図表2-6）。

図表2-6　ロゴマークの機能

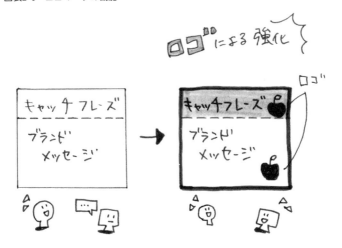

このロゴマークはどのような働きをするかしっかり考えなければならない。つまり、ここでもキャッチフレーズとブランドメッセージを混同することで陥る失敗と同じことがいえる。

今は、キャッチフレーズが必要なのか、ブランドメッセージが必要なのか。それすらはっきりさせずにロゴマークのことを考えていても意味がない。

(2) 改めてブランドメッセージについて確認する

ブランドメッセージは、まちに住む人たち、まちの外からまちに共感する人たちの関わりを徐々に増やしながら、つくっていくことが大事だ。

役所が、あたかも「下々にことばを下げ渡す」ようにブランドメッセージをつくったとしても、共感は獲得できない。

ブランドメッセージは、まちの魅力を拾い集め、それらの魅力を基礎に「このまちは、どんな『空気』『雰囲気』のあるまちなのか。どんな人が共感できるまちになることができるのか」を示すためにつくっていくことばだ。ブランドメッセージは、仕掛けだ。

まちに住む人たちやまちのNPO・会社、まちの外からまちに共感する人たちが、自分たちの暮らしや活動に引きつけて読み直し、発展させ、まちの「空気」「雰囲気」をつくっていくための仕掛けだ。

だからこそ、役所が委託した専門家によって、当たり前になっている魅力だけを基礎につくられ、役所内部の稟議・決裁によって示されたワンフレーズでは、ブランドメッセージとしては働かない。
　ブランドメッセージは物語を示すことばだ。ブランドメッセージは、単にまちの特徴を重ねたものではない。ブランドメッセージは、まちに関わる人たちが、まちの様々な魅力を使って幸せになる物語を多彩に設定することで、つくりだすことができることばだ（図表2-7）。
　まちには様々な物語が埋め込まれている。その物語を発掘

図表2-7　物語を重ねることでブランドメッセージが見える

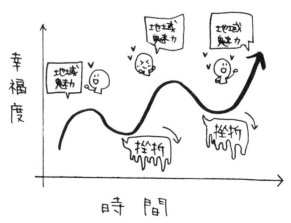

し、それぞれの物語から見えてくるまちの「力」を重ねる。それによって、ブランドメッセージが見えてくる。

　ブランドは、単品商品や個別施策に付けられたマークではない。まちに埋め込まれたストーリーを見える化することによって可能となる「空気」「雰囲気」の見える化だ。

　単品商品、個別施策に、そうしたストーリーをどのように含み込ませるか、それが、まちのブランドが確立する鍵になる。

　ブランドメッセージは「カテゴリ」ではなく「スペクトラム」だ。言い換えれば「範囲」ではなく「連続体」である。さらに言い換えれば「独占」ではなく「濃度」だ。「畝（うね）を高くつくる」のではなく、「水面の濃淡の滲（にじ）みに目を凝らす」ということだ（図表2-8）。

　ブランドメッセージが示す「空気」「雰囲気」は、極めて緩やかな決めごとであり、緩やかな「このあたり」を示していることばだ。

　「私たちのまち【だけ】がこの力を持っている」ということではない。「私たちのまちはこのあたりがいくらか濃い、いくらか優位にある」ということを示すことばである。

　唯一ここにしかないものを探そうとして無理をする必要はない。私たちのまちはどのあたりに濃さを持っているのか、そこに目を凝らすことがブランドメッセージを生みだすことにつながる。

第2章 シティプロモーションが「失敗」する

図表2-8 連続体としてのブランド

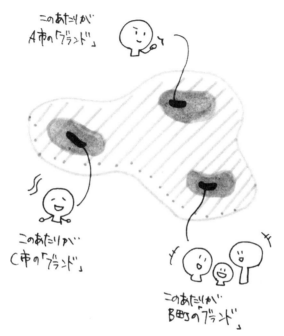

　ブランドメッセージは、畝を高く上げて、人口というゼロサム・マイナスサムの資源を奪い合う地域間競争の道具ではない。ブランドメッセージは、共有できる濃淡の滲みに注目することばである。それによって地域間連携を可能とする道具だ。相違ではなく、相似を見つけられることばである。似た「空気」「雰囲気」のあるまち同士であれば、連携もしやすい。互

いのまちに住む人々が、もうひとつのまちをお勧めすることもできる。

　ブランドメッセージは未来だ。「現在、こういうまちだ」というのではなく、「我々のまちは、人々の幸せを支える、このようなまちになれる潜在力がある。だから、そうしたまちを一緒につくり上げよう」というものだ。だから、未来に、まちに関わる人たちに向けたメッセージになる。

　ブランドメッセージは過程だ。ブランドメッセージそのものや、ましてロゴがあることに意義があるのではない。ブランドメッセージをつくりだす過程や、ブランドメッセージによってまちに関わる人たちの力を方向づけ、磨き上げる過程に意義がある。

　ブランドメッセージは構造だ。ブランドメッセージは、ボディコピー・サブメッセージ・メインメッセージという3つの層によって構築されている（図表2-9）。

　ボディコピーは、まちの個々の魅力を集積し、まちで生まれる物語を重ね、その意義を説明するもの、サブメッセージは、物語に示されるまちの力の意味を明らかにするもの、メインメッセージは、まちの持つ「力」の複合体としてのわかりやすいことばである。

　特にボディコピーの持つ意味は大きい。ある程度のことばを費やさなければ、それぞれのまちが誰に共感してもらえるの

図表2-9 構造としてのブランドメッセージ

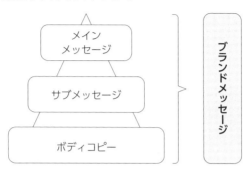

か、どのような「空気」「雰囲気」のまちを目指すのかは見えないからだ。

(3)「いただきへの、はじまり富士市」への期待

①メインメッセージをボディメッセージで支える

　静岡県富士市では、ブランドメッセージを「いただきへの、はじまり富士市」と定めた。まちに住む人たちや、まちで仕事を営む人たちの様々な参加により、ブランドメッセージは提起された。

　まちに住む人たちやNPO、まちで仕事を営む人たちとの連携により、300を超える様々な魅力が見つかった。

　廃医院の跡地や、海岸にある富士山が映り込むという小さな池、学校の給食。それら、一般的には魅力とは考えられない場

所を実際に歩いた。歩くことで、参加者の想いは高まり、取組みはますます積極的になった。

　その結果として生まれた「いただきへの、はじまり富士市」ということばは、確かに口触りはいい。頂点を目指す意欲を育むまちであることを意味するように思える。しかし、それだけでは、その意図は必ずしも明確ではない。

　さらに富士市の多彩な魅力を踏まえ、どのようなまちになることができるのか、富士市の多様な施策を、この「いただきへの、はじまり富士市」ということばに向けて、どのように発展させられるのか、わかりやすいとはいえない。

　ブランドメッセージをつくっただけでは、地域参画総量を増やし、まちにしなやかな土台を構築し、まちに関わる人たちが自分には存在意義があるという想いを裏打ちし、誰がしっくりくるのかという、まちの「空気」「雰囲気」を醸しだすには圧倒的に力不足だ。

　的確なブランドメッセージは、一つひとつの取組みによって裏打ちされることで、まちの「空気」「雰囲気」をつくりだし、共感を獲得できる人たちに魅力を伝えられるようになる。

　ブランドメッセージという構造において「いただきへの、はじまり富士市」は、メインメッセージに当たる。富士市は、メインメッセージを支えるボディコピーを明らかにしている。

　「このまちに暮らすと、目線が上がる。だって、そこには日

本一の頂があるから。このまちに暮らすと、心が広がる。だって、ここにはどこまでも続く海があるから。気づけば、いつも恵みの中。だから、どんな一歩だって踏み出せる。毎日がはじまり。自分の頂へと歩んでいこう。」。このボディコピーによって、富士市の「空気」「雰囲気」を築く、伝える仕事ができるようになる。

　「いただきへの、はじまり」だけでは、方向性は散乱し、どのような事業をつくり上げるべきか、現在の事業をブランドメッセージに沿ってどのように読み直せばいいか、それによってどのようなまちの雰囲気が醸しだされるのか、わかりにくい。しかし、ボディコピーによって、その展開方向、読み直しの方向がわかるようになる。

　「目線を上げ」「心を広げ」「一歩を踏み出す」。そのようにして、「いただきへの、はじまり」は実現できる。で、あれば、それぞれの仕事や取組みが「目線を上げ」「心を広げ」「一歩を踏み出す」ことにどのように貢献できるかを考えればいい。

②ボディメッセージを現実のものにする

　富士市では、鷹岡まちづくりセンターの事業をブランドメッセージに沿って読み直すワークショップを行った。

　防災訓練が、地域発掘ツアーが、三世代交流事業が、写真コンクールが、ふれあい遠足が、ラジオ体操が、それぞれ「目線

を上げ」「心を広げ」「一歩を踏み出す」事業として語られた。各事業のデザインをどのようにすることで「目線を上げ」「心を広げ」「一歩を踏み出す」仕事や取組みになるのかが説明された。

　まちの人たちの「目線を上げる」ためにはどうしたらいいのか。まちの人たちの「心を広げる」ためにはどんな工夫が必要なのか。「目線を上げ」「心を広げ」た上で「一歩踏み出せる」ように支える仕事には、どんな仕組みが求められるのか。

　鷹岡まちづくりセンターでは、参加者たちの多くが「いただきへの、はじまり富士市」がどういうことを意味するのかがわかったと話した。

　こうした取組みが役所だけではなく、まちに住む人たちやまちのNPO・会社が発意して、広く行われる。

　そのときに、富士市の「空気」「雰囲気」が「いただきへの、はじまり」を目指すまちとして醸しだされる。その「空気」「雰囲気」にしっくりくる人たちにとってかけがえのないまちになることができる。

　生涯学習という事業において、参加者の目線を上げるためにどうしたらいいのか、心を広げるためにどうしたらいいのか、一歩踏み出せるようにするにはどうしたらいいのか。

　福祉による支援において、支援される人たちの目線を上げるためにどうしたらいいのか、心を広げるためにどうしたらいい

のか、一歩踏み出せるようにするにはどうしたらいいのか。

　市役所の窓口で、来訪者の目線を上げるためにどうしたらいいのか、心を広げるためにどうしたらいいのか、一歩踏み出せるようにするにはどうしたらいいのか。

　いずれもが、このボディコピーが十分にメインメッセージを支えることによって明らかになる。

　「いただきへの、はじまり富士市」だけでは、「何をするのか」「何をしていいのか」「まちに住む人たちやまちのNPO・会社とどのような連携・協働を行うことが、富士市の力を十分に発揮することになるのか」はわかりにくい。

　しかし、ボディコピーを大事に考えることで、次の一歩を提起できる。

　構造としてのブランドメッセージは、それぞれのまちが持つ力を示し、その力を発揮することによって、まちに住む人たちがどのように幸せになれるのかを示すことばだ。

　もともとブランドメッセージにベストなものも、完成したものもない。まちに住む人たちが、この「いただきへの、はじまり富士市」をまちの当事者としてどう読み替え、どう使うのかが重要になる。

　あるパネルディスカッションでは、富士市民であるパネリストから「目線を高く持ちながら、軽やかな一歩が踏み出せる、その一歩がたとえ不十分だったとしても、それをたたかず、む

しろともに走ろうとする人が現れる、そうした富士市があったし、それをさらに磨き上げたい」ということばがあった。

しゃにむに「人を集めるまち」ではなく、ブランドメッセージに表された「空気」「雰囲気」をつくり、示すことで、その「空気」「雰囲気」がしっくりくる人たちが集まるまちになれたらいいというパネリストのことばは強い。

(4) 「島田市緑茶化計画」でどんなまちをつくるのか

同じ静岡県の島田市では「島田市緑茶化計画」をブランドメッセージとする。島田市が緑茶の主な生産地であることがきっかけになっているのだろう。

ただし、まちを「緑茶化」するということが、どのような意味なのか、十分にはわからない。もちろん、ブランドメッセージだけでは、誰に共感してもらえるまちを目指すのか、どのようなまちの「空気」「雰囲気」をつくるのかはっきりしないこともある。短いことばで意味を伝えるのは難しい。

ただ、この「島田市緑茶化計画」は、メインメッセージ単独で提起され、ボディコピーが見当たらない。その結果、緑茶化ということばによって何を実現しようとするのかが必ずしも明らかではない。

島田市のウェブサイトでは、島田市緑茶化計画について「緑茶グリーンを使用したまちづくりを市民の皆さんと一緒に進め

ます。」と述べられている。緑茶グリーンを使用したまちづくりとはどのようなことなのだろう。その一環として、費用をかけて緑茶色の郵便ポストを設置している。確かに注目を惹くためにはいい取組みだが、そのことが、どのようなまちをつくるのかを十分に説明してはいない。

また、島田市緑茶化計画では、積極的にロゴの拡散を行おうとしている。そのロゴについては「島田市民の生活や文化に深く根ざしている『お茶』をイメージ化しつつ、基準色を緑としました。島田の『島』を『縞』模様、島田の田を『田んぼ形』、『日の丸』の形状、『大井川』の川を3本の青い縦線、『島田を代表する3つのお茶』(島田茶、金谷茶、川根茶)を3本の緑の横線、それらを『結』ぶことでロゴ化しました。それらを結ぶことで、日本の伝統的な文様である『算木くずし』となるようにもしました。」と、とても詳しく説明されている。

しかし、この説明だけでは誰に共感してもらえるまちになろうとするのか、そうしたまちに向けて何を実現しようとするのかはわかりにくい。

これらだけでは、生涯学習において「緑茶化」するとはどのような意味なのか、福祉による支援において「緑茶化」するとはどのような意味なのか、市役所の窓口で来訪に対し「緑茶化」するとはどのような意味なのか、「緑茶化」されたまちとはどのようなまちなのか、伝わりにくいのではないだろうか。

島田市緑茶化計画ではプロモーション動画も多数つくられている。例えば「最後の一滴にこだわる編」という動画では、島田市民は急須をしっかり振り、最後の一滴まで湯呑みに入れることでおいしいお茶を飲むということが伝えられている。あるいは「水筒の中身は緑茶である編」では、何人もの市民が、「水筒の中身は緑茶です」という内容になっている。

　島田市シティプロモーションの目標は、市民の幸福度の向上とされている。そのための管理指標が、観光交流客数と宿泊者数とブランド茶品目数である。市民の幸福度が、なぜ観光交流客数と宿泊者数とブランド茶品目数によってつくられるのか、市のウェブサイトでは説明されていない。

　島田市が茶葉の産地だから、市長が緑の服を着る、ポストを緑茶色にする、市民がお茶に親しんでいる様子を動画で積極的に示す。島田市において産業や文化として重要である茶を「見える化」した取組みではある。しかし、緑の服を着ることが、なぜ市民の幸せを築くことにつながるのかの説明がなければ、まちの主権者である市民が十分理解できない。

　ここで考えられることは、「島田市緑茶化計画」とはブランドメッセージではないのかもしれないということだ。役所は「島田市緑茶化計画」をブランドメッセージと呼んでいるが、働きとしては、ブランドメッセージではなく、キャッチフレーズなのではないだろうか。

第2章　シティプロモーションが「失敗」する

　ブランドメッセージとキャッチフレーズは異なる機能を持つ。キャッチフレーズは注目させ、認知を獲得するためのことばである。一方、ブランドメッセージとは、まちをいきいきさせる熱を持ったしなやかな土台を築くためのことばだ。つまり、後者は、まちに住む人たちや、まちの外からまちに共感する人たちへの、未来に向けて、こうした「空気」「雰囲気」のまちを築きたい、こうした「空気」「雰囲気」のまちを築こうとしているということばである。

　「島田市緑茶化計画」は、こうした意味でのブランドメッセージとしては働かない。

　しかし、島田市というまちがあることや、島田市において茶生産が盛んであることを認知させるためのキャッチフレーズとしては働く。キャッチフレーズは目を見張らせればいい。緑色の服も緑茶色のポストもそのための仕組みということであれば理解できる。

　さらに、緑茶色に関わることは何でもやってみようとお勧めして、まちに住む人たちや、まちの外からまちに共感する人たちに、ハードルを下げて参加を促しているのかもしれない。

　行動誘発を図るキャッチフレーズとしての働きだ。

　島田市が、地域に関わる人たちの意欲を高め、地域を支えるしなやかな土台をつくるシティプロモーションを行おうとするならば、これからの展開が楽しみである。

59

(5) 「素通り禁止！足利」の危惧と可能性

　栃木県足利市では、2017年にシティプロモーションキャッチコピーを「素通り禁止！足利」と発表した。

　コンセプトとして、「美しい自然や夕日があって、深い歴史があって、いろんなステキな人がいて…。そして、心地よい日常が、当たり前のようにある。奥が深くて一言では言い表せない足利は、素通りなんてできないまち。足利の魅力を知って、もっと楽しんでほしいから、『素通り禁止！』を宣言します。大好きな足利のこと、ちょっと気にしてみる。思い思いに動いてみる。百人いれば百通りの素通り禁止！がそこにある。『なぜ素通りできないの？』って聞かれたら、足利への深〜い愛を伝えて、『いいなあ、足利って』と、うらやましがらせよう。」を掲げている。

　足利市は、この「素通り禁止！足利」を的確にキャッチコピー（キャッチフレーズ）とし、ブランドメッセージとはしていない。

　「素通り禁止！足利」ということば自体は、まちの「空気」「雰囲気」を十分に醸しだしていない。決意表明にとどまる。どのような「空気」「雰囲気」のまちをつくりだすために、何をすればいいのかの方向性は見えない。キャッチフレーズであれば、もちろん、それで構わない。

一方で、掲げられたコンセプトは複雑だ。

前半では、まちの「空気」「雰囲気」がどのようなものなのか、どのような人が共感できる濃度を持ったまちなのかを明らかにしようとしている。これは、ブランドメッセージとしての立ち位置だ。

後半では「大好きな足利のこと、ちょっと気にしてみる。思い思いに動いてみる」と、市民が動きだすことを促している。こちらは、行動促進のためにキャッチフレーズを支えることばのように見える。

まちの魅力を発散・共有・編集し、足利市というまちが、どのような「空気」「雰囲気」のまちであるかを明らかにする。「空気」「雰囲気」を明らかにするために、とにかくは、まちのことを考えてみようと呼びかける。

足利市はシティプロモーション基本方針において、「足利の『ありたい姿』としてのステートメント」を示している。

「一人ひとりが『素』的に輝くまち・足利」。このステートメントが本書でいうブランドメッセージだ。

足利市が、「素通り禁止！足利」によって、どのようにステートメントを実現していくか。期待したい。

(6)「名古屋なんて、だいすき」が目指すもの

2017年4月、名古屋市が「名古屋なんて、だいすき」という

キャッチコピー（キャッチフレーズ）を発表した。名古屋市はこの「名古屋なんて、だいすき」をブランドメッセージなどとは混同していない。あくまでキャッチフレーズとして提起している。これは、的確である。

「名古屋なんて、だいすき」ということばには、名古屋の「空気」「雰囲気」は見当たらない。それでいい。「名古屋なんて、だいすき」はブランドメッセージではなく、キャッチフレーズだからである。

何のためのキャッチフレーズか。「名古屋なんて、だいすき」は、名古屋というまちそのものを認知させるためのことばではない。

200万人を超える日本第4の人口規模を持つ名古屋市を知らない人は、さすがに国内にはほとんどいない。その意味で認知のためのキャッチフレーズは不要だ。もちろん、この日本語のことばが海外向けの認知獲得のために提起されたものではあり得ない。

一方で、名古屋に住む人たちは、名古屋の魅力を十分にお勧めしたいと思ってはいない。2016年に行われた国内8大都市（札幌市・東京都区部・横浜市・名古屋市・京都市・大阪市・神戸市・福岡市）でネット・プロモーター・スコア（NPS）を利用した調査がある。

これによれば、名古屋市は自分のまちを推奨しようとする意

第2章 シティプロモーションが「失敗」する

図表2-10 8大都市住民による自らが住む都市への評価

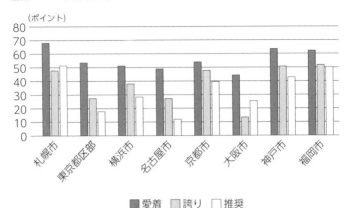

(出典:名古屋市観光文化交流局「都市ブランド・イメージ調査結果」)

欲において最下位であった(図表2-10)。

　名古屋市はこの状況を受けて、市民に積極的な魅力発見を促すキャンペーンを始めるはずだ。「名古屋なんて、だいすき」は、このキャンペーンを認知してもらい、魅力発見を促すキャッチフレーズになる。

　「なんて」といいながら「大好き」とつなげることによる違和感や、「好きなのに表面的にはきつく当たる」ツンデレということばと結びつけての語りやすさ、あえて疑問を生む表現により目を引くことができる。

　「名古屋なんて、だいすき」によって「なぜ、そう思うのだ

63

ろう」との問いをつくりだし、キャンペーンによって、その問いに答えようとする意欲を引きだす。その問いに答えるために、名古屋の様々な魅力を改めて発見しようという想いをつくりだす。

このキャンペーンを役所が主導しているだけでは、広まることは期待できない。キャンペーンでは、市民からの魅力発信を誘発するウェブサイト、SNSなどとの連携したメディア展開がなくてはならない。

役所が発信するためだけのメディアではなく、名古屋に住む人たちや、名古屋に共感する人たちからの発信を促し、受け止め、それを必要に応じてつなげ、改めて再発信する。

名古屋に住む人たちや、名古屋に共感する人たちの魅力発信意欲を高める、そんなメディア活用が必要だ。名古屋市が開設した名古屋シティプロモーションウェブサイト「SNUG CITY NAGOYA」（http://snug.city.nagoya.jp/）が、そのようなメディアとして働くだろうか。

キャッチフレーズによって、名古屋に住む人たちや、名古屋に共感する人たちが名古屋の魅力を発見しようという意欲を高め、まちの魅力が多彩に発散される。魅力を共有するためにメディアを用意し、名古屋の魅力を共有する過程によって、名古屋は誰がどのように幸せになれるまちなのかという物語を探しだしていく。その物語を重ねることで、名古屋の「空気」「雰

囲気」の濃度・等高線を明らかにする。ここまでの取組みに
よって、初めてボディコピー・サブメッセージ・メインメッ
セージという形でのブランドメッセージが形成される。

　この流れの前提として、キャッチフレーズは、市民の関与を
徐々に進め、深めるためのキャンペーンに目を向けさせるため
のことばとして十分に意義を持つ。

　一方で、この意味でのキャッチフレーズは、一定の時間を経
過した後に、役割を終える。

　名古屋の事例ではないが、キャッチフレーズ作成を依頼され
たクリエイターの方が「いつまでも残る作品をつくりたい」と
いわれたことがある。シティプロモーション担当者は、そのこ
とばを聞いてどのように思うだろうか。頼もしいと考えるだろ
うか。

　キャッチフレーズはクリエイティブであって、アートではな
い。クリエイティブとは、問題解決のためのツールである。問
題があり、それを解決できれば役割を終える。いつまでも残る
作品をつくりたいという発想は、アートをつくる発想だ。アー
トは「解決手法」ではなく、自分に対する、あるいは誰ともわ
からない誰かに対する「問題提起」だ。

　クリエイティブでも、その解決すべき目的を超えて残り、
アートになってしまうものもあるかもしれない。しかし、アー
トをつくろうと思っている者にキャッチフレーズを依頼するこ

とは危険だ。アートは説明できない。クリエイティブは、課題をなぜ解決できるのかを説明できなくてはならない。

　ブランドメッセージとキャッチフレーズを混同してはならない。クリエイティブとアートを混同してはならない。

(7) 「KitaComing！北上市」の曲折

　北上市は、丁寧な取組みでブランドメッセージづくりを行ってきた。

　市の政策を議論するための、市長、副市長及び教育長による「あじさい都市推進本部」に、まずブランドメッセージ策定の説明を行うことから始めた。

　その上で、20歳代から40歳代までの委員24人によって、きたかみ都市ブランド推進市民会議を立ち上げた。委員は商工会議所、青年会議所、NPO、信用金庫、自治組織連絡協議会、子育てネット、社会福祉協議会、専門学校に属する人たちと、市職員、一般公募された人たちによって構成されている。

　きたかみ都市ブランド推進市民会議では、市の委託によりNPOが取り仕切り、北上市ブランドメッセージ策定ワークショップが継続的に行われた。参加者によってまちの魅力を拾い上げるワークショップが繰り返され、挙げられた魅力を実際に巡るキャラバンも行われた。

　ある日のキャラバンでは、清々として風がおいしく感じられ

た都市公園展勝地を訪れ、北上を一望できる陣ケ丘では東北新幹線が行き交う姿も見られた。サトウハチロー記念館では館長の話をお聞きする。内容だけではなく館長の人柄も、北上の魅力だ。

　縄文時代の竪穴式住居、馬とともに暮らした曲家までが点在するみちのく民俗村。その民俗村では、北上市立博物館館長が国見山廃寺にまつわる安倍氏・清原氏・奥州藤原氏について話された。東北・北上の力が見える。

　こうした見慣れた場所でも思いがけない魅力を発見し、さらに普段は魅力だとも思わなくなった場所を新たな視点で見つける。それによってつくられているまちの「空気」「雰囲気」を体感することができる。

①ペルソナ作成から生みだされたブランドメッセージ

　そうした上での民俗村でのワークショップでは、今までに発散・共有した魅力の数々を用い、それぞれが感じた「空気」「雰囲気」をもとに、北上市で幸せになれる人を**ペルソナ**💡として考案した。

　ペルソナとは、名前や年齢、男女には限ることのない性別、住所、家族、仕事、大事にしていること、どのような環境にあり、どのような希望を持つものかを、具体的に定め、ワークショップ参加者の目の前に立ち現れるように設定した「人物」

図表2-11 「ペルソナ」の考え方

のことである（図表2-11）。

このペルソナが、今までのワークショップで挙げられた魅力を活用することで、幸せになる、野望を実現する物語を考えていく。5つの班で各3つの物語がつくられる。

こうして北上市の魅力を15の物語に担わせ、まちの「空気」「雰囲気」を見えるものにしていく。北上の魅力を使ってペルソナによる物語を紡ぎ、北上市というまちに物語を埋め込む。

その上で各班において、物語に表された北上市の「力」を「○○な人が○○できるようになる力」として示す。この物語によって現れた力が、ブランドメッセージのボディコピーを導き出すものになる（図表2-12）。

図表2-12　物語からブランドメッセージを導く

　北上市のワークショップでは、このようにして示された3つの力を基礎に、5つのブランドメッセージが提起された。

　北上市ではこのような過程で、まずメインメッセージ案がつくられた。それぞれのまちの事情によって、市民たちの力によってメインメッセージ案までつくるのか、市民たちはボディコピーの素材までを提供し、メインメッセージにプロフェッショナルの力を用いるのかを決めればいい。

　気をつけなければならないのは、ブランドメッセージにとって、それをつくっていく過程が重要だという点である。どうしても形として現れることば、中でもメインメッセージが注目されてしまう。

しかし、大事なことは必ずしもそこにはない。

　それ以上に、作成過程に関わった人たちが「自分は、このまちにとって意味がある存在だ」と考え、まちにとってのコアな貢献者・情報発信者になる可能性に注目したい。

　作成過程で、それぞれに関わった人たちの持つ、まちの推奨、参加、感謝の力が養われる。ブランドメッセージ作成に関わった自分の活動を語ることで、いつのまにか、まちの推奨、参加、感謝につながることが期待される。

　ところが、そこまで作成過程に関わってきた人たちの想いを裏切り、あるいは途中から「お客さん」にしてしまうことがあれば、彼らの意欲はそがれる。自分が意味のある存在だという想いも小さくなっていく。

　彼らの意欲を衰えさせないために、重要なことが２つある。

　プロフェッショナルが加わるのであれば、まちの魅力を発散する当初から関わることが必要だ。もちろん、プロフェッショナルは、キャッチフレーズをつくるのではなくブランドメッセージをつくるということを十分に意識する必要がある。

　まちに住む人たちや、まちの外からまちに共感する人たちが時間をかけ、想いを込めてつくり上げてきたボディコピーの基礎とは無関係なものが、途中から加わったプロフェッショナルによって唐突に示されれば、鳶に油揚げをさらわれた、ぼう然とした顔を想像することは難しくない。

もうひとつは、トップの十分な理解だ。北上市ではブランド
メッセージを作成することが「あじさい都市推進本部」に説明
されていた。また、市長及び市幹部は、シティプロモーション
について、講演などを通して理解していた。

トップが、そのまちにどのような人物が共感するのか、どの
ようにまちを磨いていくのかを示すことばであるブランドメッ
セージを大事にすることは当然だ。様々な施策との連携も考え
なくてはならない。トップがブランドメッセージに責任を持つ
仕組みが必要になる。

トップがまさに当事者になるためにどうするか。例えば、こ
んな方法も考えられる。作成過程に関わってきた人たちの提起
を十分に尊重し、その過程に伴走してきたプロフェッショナル
が、じかにトップや幹部と議論する。その上で、いくつかのメ
インメッセージ案を提案する。市長がプロフェッショナルとと
もに、複数の案を定める。

この手順がしっかりと踏まれれば、作成過程に関わってきた
人たちの「自分には意味がある」との想いを強め、そのまちの
コアファンづくりに役立ち、責任者としてのトップの当事者化
も実現できる。

②サブメッセージとボディメッセージに支えられたブランドメッ
　セージ

　北上市でもいくつかの曲折があった。

　作成過程に関わってきた、きたかみ都市ブランド推進市民会
議から、当初、3つのブランドメッセージ案が示された。しか
し、ここには十分な形でプロフェッショナルが伴走できなかっ
たこともあり、ことばの磨き込みとしては十分なものにはなら
なかった。

　そうしたことや、必ずしも十分な市幹部の当事者化ができて
いなかったこともあり、ブランドメッセージが宙に浮く状況が
生まれた。

　ここで、事務局の対応により、著名な広告代理店に、ここま
での経緯を踏まえてのブランドメッセージの作成が委託され、
9つの案が提起された。

　ここには課題が生じた。プロフェッショナルからの提起とい
えども、十分な伴走ができていないことから、作成過程に関
わってきた人たちにとっては唐突感が生まれていた。また、こ
こでもキャッチフレーズとブランドメッセージを十分に峻別で
きていない部分があった。

　そこで、9つの案から次のステップに進む4つの案を選定す
る際に、改めてサブメッセージを付加することが提案された。

　どのような人に共感してもらえるまちか、どのような「空

気」「雰囲気」のあるまちか、どのようなまちとして磨き上げていこうとするのかを明らかにするサブメッセージである。

さらに、北上市ではブランドメッセージ総選挙が行われた。単なる市民投票ではなく、市役所本庁舎や江釣子、和賀両庁舎、各地区交流センター、市内中学、高校、商業施設にポスターが設置された。

ポスターにはメッセージが記され、賛同するメッセージにシールを貼ることで投票する。ウェブサイトやFacebookでの投票も可能となっていた。

また、重要な取組みとして、ここまで作成過程に関わってきた人たちが各メッセージの応援団として関わった。いったん「お客さん」になりかけた人たちが、再び当事者になれる仕掛けである。

加えて、市長や市幹部も投票し、ポイントとして合算された上でブランドメッセージが決められる。ここで興味深いことに、ポスター投票の状況が公開されていることがある。つまり、市民の意思が常に見えているという状況がある。

2017年3月、北上市のブランドメッセージが決定した。「KitaComing！北上市」。北上とKitaComing（キタカみんぐ）との地口もあって、キャッチフレーズとして機能する力を持っている。

しかし、これだけではブランドメッセージとしては働きにく

い。「KitaComing！北上市」はまちの「空気」「雰囲気」を十分には示せない。「KitaComing！北上市」では誰が共感するまちなのかはっきりしない。

しかし、「KitaComing！北上市」は、サブメッセージとボディコピーによって支えられている。サブメッセージはプロフェッショナルには設けられなかったものだ。

サブメッセージは「やっぱり、北上だよね。」。

ボディコピーは「世界中のどこよりも、あなたにいちばん愛されるまちでありたい。世界中の誰よりも、このまちで暮らすあなたと未来を歩みたい。いつまでも誇れる北上のために、もっとふるさとに溶け込もう、飛び込もう。一人ひとりの北上愛が、自慢のまちをつくる力になるから。」。

北上市は工場が多く立地し、転勤によって一度は「通り過ぎる」人たちが多い。また、北上市出身で東京に住む人たちもいる。北上市の魅力は、そうした人たちに改めて北上市を「ふるさと」と思わせることができる。

どのような人が共感するのか。そうした人たちに共感してもらえるまちの未来を築くために何ができるのか。ボディコピーをしっかりと伝えることで理解してもらえるはずだ。

「KitaComing！北上市」は一直線には進まなかった。しかし、ほとんどのまちは曲折を持つ。その間の、きたかみ都市ブランド推進市民会議の人たち、事務局を務めたNPO、市のシ

ティプロモーション部局、そして市長の力によって、北上市が課題を乗り越えながら進んでいく姿は、まちに住む人たちや、まちの外からまちに共感する人たちの意欲を高めるために十分に意味を持つ。

成功へのヒント
column

ペルソナ

　ペルソナは、もともと「仮面」という意味を持つ。ただ、仮面ということばから「偽の」自分ということを想起するのであれば、それは不十分な理解だろう。むしろ「もうひとりの」自分だ。さらには、夾（きょう）雑物をそぎ落とすことによって、より「顕わになった」自分と解釈することが望ましいと考える。

　この解釈を前提とすれば、設定されるペルソナは、まさに生きているように意識されなければならない。だからこそ、氏名を与え、できる限り具体的な職業や居住地、信念や希望、不安や課題を明らかにすることが必要になる。また、年齢も「○○歳代」ということではなく、「27歳」のように具体的に示すことで、その27年間にあったことが、グループワークの参加者に共有可能になることが必要である。性別についても、男性・女性のいずれかとしてだけ考えるのではなく、LGBTQ と呼ばれるような多様な性があることを前提に、ペルソナを設定することが望ましい。

　ペルソナは抽象的な「タイプ」ではない。生きていることが想定される具体的な存在だ。だからこそ、氏名もカリカチュア（戯画化）した、現実には存在しない氏名であってはならない。

　具体的な背景を持つペルソナが、このまちの魅力により、どのように幸せになれるのかを十分に意識することが、まちの力を明らかにすることにつながる。

4. シティプロモーションにおけるターゲティング って何だろう

シティプロモーションでは、どのような人たちに、まちの魅力を理解してもらい、まちへの行動を起こしてもらうのか、ターゲットを定めることが必要になる。いくつかの自治体の戦略などを見ていこう。

(1) 藤枝市・和泉市・戸田市・各務原市戦略に描かれた ターゲット

明確な狙いどころとしてターゲットを記載している戦略も数多い。

静岡県藤枝市は、積極的なシティプロモーションを行っている都市として知られている。その藤枝市の「ふじえだシティ・プロモーション戦略」では、23頁のうち9頁という多くにわたって「ターゲット」の文字が記されている。「税収増、活力増、民力増」を目指すために「生産人口。特にこれから、ばりばり働いていく世代」を定住ターゲットとし、具体的には「新婚世代、子育て世代」と述べている。

また、来訪については「税収増、文化度増、認知度増」のために「老若男女できるだけ、多くの人」と定めている。特には、「可処分所得と余暇がある団塊世代または、3世代で出か

けられる幼児世代」をターゲットとしている。その上で、「一見さんの獲得、リピーターへ育成」との記述もある。

　大阪府和泉市「和泉シティプロモーション戦略」は、プロモーション・ターゲットゾーンを、定住促進においては「20〜40歳代の子育て世帯」とし、その特徴を「長期的な定着が期待できる。子どもの増加にもつながり、まちの、持続的な発展が期待できる。」と述べている。

　同じく来訪促進については、ターゲットを「20〜30歳代の女性」とし、その特徴には「性別・年齢別においても観光参加率や意向が高い層である。同伴者を伴うことや市内消費が期待できる。情報発信元としての波及効果も期待できる。」ことを挙げている。

　埼玉県戸田市「戸田市シティセールス戦略 改訂版」は2つのメインターゲットを示している。ひとつは、都内在住・都内勤務の20・30代で住宅購入を考えている世帯（子どもがいない又は将来子どもを持つであろう夫婦世帯）であり、「平日は都内で勤務し、週末は家族でのんびり過ごしたい」人たちとしている。

　もうひとつのターゲットは、市民のうち都内勤務で子育てを楽しみたい夫婦であり「子育て環境（遊び場、自然、教育など）の良い場所で生活したい」者としている。

　岐阜県各務原市「各務原市シティプロモーション戦略プラ

ン」は、メインターゲットとして「良好な住環境を目的に転居を希望する20～30歳代の結婚・出産・子育て世代」「生活にこだわりのある人、感性豊かな暮らしを求めている人」「首都圏や関西圏よりも、まずは東海三県に居住している人」を設定している。

上記4市のターゲットを定住に限定してまとめると、以下のとおりである。

藤枝市は生産人口・ばりばり働いていく世代・新婚世代・子育て世代。和泉市は20～40歳代の子育て世帯。戸田市は20・30代で住宅購入を考えている子どもがいない又は将来子どもを持つであろう夫婦世帯。各務原市は20～30歳代の結婚・出産・子育て世代。

ほぼ同じターゲットを熾烈に奪い合っているように見える。

(2) 欲しいターゲットと共感してもらえるターゲット

ここで、藤枝市と和泉市をAグループ、戸田市と各務原市をBグループとする。

すると、AグループとBグループには表面から見える限りは大きく異なる部分があることに気づく。どのような違いであろうか。

少なくとも戦略に書かれている文字からだけでは、Aグループには共感という発想が読みとれない。まちの発展のために誰

が欲しいのかという記述として読める。一方でBグループは、どのような人にとって自分たちのまちがふさわしいのかという発想がある。シティプロモーションがまちの発展のためにあるという考え方は当然だ。しかし、そのためにまちに関わる人を増やしていく、まちに関わる意欲を高めていくものだとすると、どのような人がこのまちに関与したいと思うのか、どのような人がまちに共感するのかを考えることも求められるだろう。

　まず、自分に必要なターゲットを考え、そのターゲットを獲得するために、ターゲットが好むだろう「商品」をゼロからつくることはできる。

　しかし、まちと商品を同列に扱うことは難しい。まちはゼロからつくりだすものではない。まちは長い時間の積み重ねの結果として既にそこにある。

　だからこそ、自分のまちの置かれている現状をしっかりと見据える。どのような人が幸せになれるまちなのか、どのような物語を紡ぐことのできるまちなのかへの理解を深める。

　それによって、どのような人に共感を得られるのか、その可能性があるのかを明らかにする。例えばそのためにブランドメッセージがある。

　「あなたは私たちのまちの発展にとって都合がいいのでぜひ来てください」と語られることと、「あなたが共感できるだろ

うまちがあるのでぜひ来てください」と述べられることと、どちらが人の心を動かすだろうかという問題でもある。

戸田市が共感を獲得できると考える「週末は家族でのんびり過ごしたい」人たちと、各務原市が共感を獲得できるだろうと考えている「感性豊かな暮らしを求めている」人たちは、重なる部分があるとしても別の存在である。

実際には、戸田市と各務原市は遠く離れているが、たとえ近隣だったとしても、それぞれのターゲットが異なることで、連携が可能になる。「のんびり」がよりふさわしいまちを紹介し、一方で「感性を大事に」したいまちとして紹介してもらう。まちは連携することで、一つひとつのまちとして競争するよりも大きな力が発揮できる。

「生産人口・ばりばり働いていく世代、子育て世代」と、「20〜40歳代の子育て世帯」は大きく重なる。

対象地域が異なるならばすみ分けも可能になるが、それぞれの近隣都市が同じ人たちをターゲットとすれば、その近隣都市との連携は困難だ。その途端、近隣都市は敵になる。

ターゲティング 💡とは「刺していく」作業である。そのターゲットが何を好み、どのようなメディアを使うのかが明らかでなければ、ターゲティングは成功しない。

20〜40歳代の子育て世帯の皆が同じものを好み、同じメディアを使うわけではない。週末はのんびり過ごしたい人たちと、

週末もアクティブに都市的魅力を享受したい人が、心引かれる部分は異なる。

年齢や性別、子どもの有無というデモグラフィック（人口統計学的）な特徴を同じくすることによる共通性は、価値観や生活環境の多様化の中でどんどんと小さくなってきている。

30年前の30歳女性の多くは同じ雑誌を読んでいたのかもしれない。しかし、今の30歳女性が読む雑誌は細分化され、雑誌を読まない女性も多くなり、彼女たちは皆同じインスタグラムのアカウントをフォローしているわけではない。

今や、ターゲットとは獲得すべき存在ではなく、共感してもらう存在である。一方的に語りかける存在ではなく、語ってもらう存在である。共感してもらう、語ってもらうためには、自分たちに都合のいいデモグラフィックな属性だけをもとにターゲティングすることは容易ではない。

藤枝市も和泉市も戦略には明記されていない部分で、実際には共感に基づくターゲティングを行っている可能性も十分にある。どのような人がそれぞれの市にしっくりくるのか。的確に意識されたターゲティングがあれば、まちへの共感に満ちた人たちが多く住むまちになる。

(3) 広すぎるターゲット層では意味がない

東京都町田市「まちだシティプロモーション基本方針」で

第2章　シティプロモーションが「失敗」する

図表2-13 「まちだシティプロモーション」のターゲット例

市内	市　民	市民、市民団体、NPO 市内在住有識者、著名人
	事業者	経済・産業団体、商店街、 地元企業、個人事業主、市外企業の事業所
	学　校	小・中学校、高校、大学、専門学校
	準市民	市外からの通勤・通学者 サッカーやフットサルのファン 町田に縁がある市外居住者（過去の居住者等）
市外	個　人	町田市近隣都市居住者
		沿線居住者（小田急線、東急田園都市線、横浜線） ※町田よりも東京以遠の都市居住者も意識
		東京都、神奈川県居住者
		関東圏居住者 ※特に、将来的に東京近郊での定住を意識している層
	事業者	流通、飲食チェーン、他

(出典：まちだシティプロモーション基本方針)

は、「まちだシティプロモーション」のターゲット例を挙げている（図表2-13）。

「市民、市民団体、NPO、市内在住有識者、著名人」「経済・産業団体、商店街、地元企業、個人事業主、市外企業の事業所」「小・中学校、高校、大学、専門学校」「市外からの通勤・通学者、サッカーやフットサルのファン、町田に縁がある市外居住者（過去の居住者等）」「町田市近隣都市居住者」「沿線居住者（小田急線、東急田園都市線、横浜線（※町田よりも東京以遠の都市居住者も意識））」「東京都、神奈川県居住者」「関東

83

圏居住者（※特に、将来的に東京近郊での定住を意識している層）」「流通、飲食チェーン、他」。

　おそらく、これはターゲットではない。ターゲットとはどこを狙うのかという発想である。上記の「ターゲット例」は、ほぼ全方位である。関係者リスト、ステークホルダーリストをターゲットと呼んでしまったように見える。

　一方で、「まちだシティプロモーション基本方針」では「ターゲットに応じた戦略的、継続的な情報発信」という項目もある。そうなると、全方位にわたって戦略的、継続的な情報発信を行うことになってしまう。

　こうした、ほぼ全方位を「ターゲット」と記述してしまうことは、2つの理由から説明できる。

　理由のひとつは、先に述べた「自分たちにとって都合のいい人」をターゲットとしてしまうということから生じた可能性がある。

　とにかく人口が欲しいということになれば、誰でもいいから幅広く訴求したいという発想に陥る。結果として「町田市近隣都市居住者」「沿線居住者（小田急線、東急田園都市線、横浜線（※町田よりも東京以遠の都市居住者も意識））」「東京都、神奈川県居住者」「関東圏居住者（※特に、将来的に東京近郊での定住を意識している層）」すべてを「ターゲット」にしてしまうことになる。

ましてや、十分な定義もないまま「地域活性化」をシティプロモーションの目標としてしまえば、その射程は野放図に広がる。

次に考えられる理由に、フェイズ発想の不足がある。対象者の意欲や行動を変え、促すために必要なことは、単なる「情報発信」ではない。

十分に考えられた、情報把握のための「傾聴」・できるだけ多くの人たちに気づいてもらうための「認知獲得」・ターゲットを定め、それぞれの特性に基づく「関心惹起」・詳しい情報に引き込むための「探索誘導」・誘導された対象に信頼してもらい、共感してもらうための「着地点整備」・インセンティブを設定しての「行動促進」・対象者からの情報発信を誘発する「情報共有支援」というフェイズごとのメディア活用が求められる。

私はこれをメディア活用戦略モデルとして考えている（後述「6.（1）認知獲得のためのドミナント・トレンド・ギャップ」参照）。

例えば、「市内在住有識者、著名人」に促す行動は地域の魅力の発信であり、その発信されたことばを信頼を与える着地点としてまとめることに意味がある。

一方で「サッカーやフットサルのファン」に促す行動は、具体的な町田市への訪問や、町田市の推奨である。

全体としての「東京都、神奈川県居住者」については、具体的な行動というより、より狭いターゲットの行動を促すベースとして、町田市の存在や魅力についての認知を獲得できれば足りる。

　このように、実現すべき目的・フェイズが異なるものをターゲット例として羅列してしまったことが、「まちだシティプロモーション基本方針」のわかりにくさになっているのではないか。確かにターゲットということばには多様な意味がある。町田市はステークホルダーリストをターゲットと呼んでいるのかもしれない。

　しかし、戦略は明確な目的のもとで、その目的を実現するための手段を提起することに意味がある。ターゲティングもその手段である。何をすべきかの行動指針とはならない戦略は、使いにくいものとなる。

(4) 地域連携によって生まれるターゲット

　地域連携によって新たなターゲットが生まれる事例について見ていこう。

　神奈川県海老名市・座間市・綾瀬市は、3市連携によるエリアプロモーション戦略をつくった。

　海老名市・座間市・綾瀬市の3市が、神奈川県の中央部にあることから、このエリアを「真ん中（まんなか）」の「神奈川

（かながわ）」から「まんなかながわ」として訴求する取組み
だ。

　単なる合同プロモーションではなく、目的を共有し、相互の
弱みを明らかにする。その上で、それぞれの強みによって相互
の弱みを補完し、それぞれがメリットを持つ形での共創・協働
プロモーションを行う。

　シティプロモーションは、自治体間競争、特に近隣自治体間
での資源の取り合いだと思われることがある。それに対して、
海老名市・座間市・綾瀬市エリアプロモーションが、近隣自治
体による連携を目指していることはおもしろい。

　海老名市・座間市・綾瀬市は、それぞれの自治体としてもシ
ティプロモーションを行っている。一つひとつのまちとしての
魅力を明らかにし、それぞれの「空気」「雰囲気」を明らかに
し、各地域への共感を獲得しようとしている。

　それに加えて、どうしてエリアプロモーションを行うのだろ
う。もちろん、プロモーションのための資源を持ち寄ること
で、規模の大きい取組みが実現できるということはある。

　しかし、別の言い方をすれば、エリアプロモーションに費や
す資源を、個々のシティプロモーションに振り向けたほうが、
それぞれのまちの取組みはより積極的に行えるのではないか。

　ここでターゲットという発想が重要になる。「誰が欲しい」
というターゲットではなく「誰が共感するまちなのか」という

想いからのターゲティングだ。

　海老名・座間・綾瀬３市が連携した「まんなかながわ」という地域は、３つのまち一つひとつとは、また異なった「誰が幸せになれるまちなのか」という発想を持つことができる。本戦略はそのことに着目している。

　このことにより、海老名市単独では、座間市単独では、綾瀬市単独では共感を得られない人たちに対し、「まんなかながわ」としての共感を得ることができる。

　「まんなかながわ」の持つ意味をしっかりと伝えることにより、「まんなかながわ」という地域を推奨したいという力、「まんなかながわ」という地域をよりよくするために参加したいという力、「まんなかながわ」という地域に感謝したいという力が強められる。

　例えば、海老名市は近年、大型のショッピングモールが立地し、さらなる消費者を求めている。駅西では多くのマンションの建設も進んでいる。海老名駅を始発終点とする鉄道・相鉄の存在も大きい。その一方で、賃料や住宅価格は上昇傾向にある。

　座間市は、市内に多くの駅があるが、海老名駅のようなターミナルではなく、大きな特徴はない。しかし、週末などに家族連れで憩える場所は少なくない。

　綾瀬市は、市内に鉄道駅がない。住宅が多く立地している

図表2-14 「まんなかながわ」に共感する人

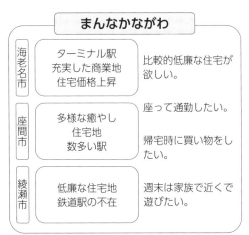

が、海老名市よりは平均的に住宅価格が低廉である。

　これらの「まち」を「まんなかながわ」として訴求することにより、東京や横浜などの豊かな都市環境と直結した多数の鉄道駅とにぎわい、充実した商業地、その商業地をさらに発展させる大きな後背地としての良質な住宅環境、それに加えた癒やしの機能を持つひとつの「まち」になる（図表2-14）。

　比較的低廉な住宅を取得する希望があり、ターミナル駅から座って通勤したい、帰宅時には買い物などもしていきたい、週末には家族で近隣に遊びにいきたいという希望を持ち、そうしたまちのつくり方に共感する人たちをターゲットにすることが

できる。

　海老名市にとっては「まんなかながわ」としての訴求では、市内在住人口増加への期待は小さいが、海老名駅周辺での購買は増え、さらなるにぎわいも生まれる。座間市には人口増の可能性があり、域内での交流が盛んになる。綾瀬市では住宅の購入、人口増が十分に期待できる。

　このときに、3市それぞれがひたすらに「自分のまちだけが独占して人口を増やしたい」と考えるならば、「まんなかながわ」は成立しない。

　それをあえて「まんなかながわ」とし、「まんなかながわ」はどのような特徴を持ち、どのような人に共感してもらえるまちなのかをブランドとして把握し、共感獲得可能な人たちに向けてエリアプロモーションを行う。

　それによって、それぞれのまちに共感する人たちではなく、「まんなかながわ」に共感できる人をターゲットにすることができる。結果として、3市がそれぞれのプラスを獲得できる。

　ターゲットを考えるときに大いに参考となる事例である。

ターゲティング

　ターゲティングとは、行動を促す対象にとって、最も適切なメディア（情報媒体）及びコンテンツ（情報内容）を選択し、情報を訴求することを意味する。そのためにはターゲティングの対象者がどのように暮らしているか、どこでどのように情報を受け取るかという想像力を持つ必要がある。

　このターゲティングについて考えるには、その前提としてセグメンテーションについて理解することが望ましい。セグメンテーションとは「細分化」である。つまり「どう分けるのか」ということになる。ここで大事なことは、「分け方」によってターゲティングに必要な情報媒体及び情報内容が異なるということだ。

　性別や年齢、家族構成、居住地という基準で分けることもできる。しかし、性別という区分であっても、単純に「男性」や「女性」として分けるのではなく、LGBTQと呼ばれるような性的多様性を意識して区分することもある。それぞれにとって適切な「刺さる」メディアやコンテンツは異なる。

　また、同じ性別の同じ年齢だから、だいたい同じようなことを考えているということはあまりなくなっている。そうであれば「どんなことを大事にしているのか」という基準でセグメンテーションしたほうが、的確な情報媒体及び情報内容を選択できることもある。

5. 「仲よくやりましょう」だけでは成功は難しい

(1) 協働の成果を上げるには

　いつまでも役所だけがシティプロモーションを行っていれば息切れする。いつまでも役所の人間がヒーロー、ヒロインでは、まちに住む人たちやまちのNPO・会社が、自分の問題だと思って参加できない。

　まちに関わる人たちが、まちをよりよくする取組みを行いたい、まちをよりよくする働きに感謝したいと思うには、何が必要だろう。

　「穴」である。

　役所は何ができないかという「穴」を見せ、まちに住む人たちやまちのNPO・会社の力を、その「穴」にどのように誘い込むかを考える。まちの人たちが、その「穴」を埋めようと十分に活躍することで、市民やまちに関わる人たちが「自分は意味のある存在」だと思える。

　これらを「協働」ということばで呼ぶことがある。あるいは「共創」ということばのほうが、ふさわしいかもしれない。「共創」ということばは英語の略語でいえば、CSV（Creating Shared Value）というものに対応する「共有できる価値をと

もに創造する取組み」と訳せる。

　まちの人たちと役所が共有できる価値をまちの人たちと役所がともに創造する取組み、役所とまちのNPO・会社が共有できる価値を役所とまちのNPO・会社がともに創造する取組み、あるまちが他のまちと共有できる価値を2つのまちがともに創造する取組み。

　こうした取組みが、まちに関わる人たちの意欲を高めるシティプロモーションを可能にする。

　当然ながら、協働ということば、共創ということばが美しいから取り組むのではない。

　新たな価値を実現しようとするときに、自分に「穴」があると考えた主体が協働を呼びかける者（協働主唱者）となる。協働主唱者が実現しようとする価値に共感し、その呼びかけに応え、協働主唱者の「穴」を自分の強みによって埋めたいと手を挙げる者が協働呼応者となる。それによって、新たな価値をつくる。

　協働は放っておいてもできない。まず、協働主唱者が問題を解決したいと思い、目的達成に向けた自分の力を十分に見直す。その上で、自分の力に不足、あるいはより強い力を持っている者に比べたときの弱みがどこにあるかを確認する。

　次に、弱みを明らかにした上で、目的を共有し、かつ、その弱みを補完できる者を探索する。その探索に応じた協働呼応者

図表2-15　協働のシステム

と連携することで目的を実現する。これによって、協働主唱者はもちろん、協働呼応者も「自分に意味がある」と思うことができる（図表2-15）。

これは、目前の課題を解決するだけではなく、シティプロモーションが目的とする地域参画総量の拡大にもつながっていく。

協働主唱者が自らについて現在の弱みと将来の脅威を明らかにする。それを知った協働呼応者が自らの持つ現在の強みと将来の可能性によって協働主唱者の強みと脅威を補完しようとする。一方で、協働呼応者にも目的実現にとっては弱みと脅威が存在するだろう。その弱みと脅威を協働主唱者の強みと可能性

が補完する。このようにして協働が成立する。

このときに気をつけることがある。

共創・協働の当初には、主唱する者と呼応する者がいるが、共創・協働が動きだせば、そこには、互いの弱み・強みを相互補完する対等な両者あるいは複数の存在があるということだ。

主唱した者が、事業や取組みについて、何が正しいかを一方的に決めるのはおかしい。まして、自分が提起した弱みについては、それを補完する協働呼応者の判断を尊重し、常に意見交換をすることが大事になる。

特に、協働主唱者がお金を出すときに失敗が起きやすい。

協働主唱者が、協働呼応者を、あたかも組織内の上意下達の対象であるかのように扱えば、たとえ目前の課題は解決したとしても（多くの場合はそれすらも達成できないことが多いが）、協働呼応者というまちへの参画者を失う。

さらに、ソーシャルメディアが一般的になった現在、ひとりの協働呼応者が持った違和感は瞬く間に、あるいは、じわじわと、まちに関わる多くの人たちに滲みだし、まちの力を失わせていくことになる。

(2) 「大学発・政策提案制度」が期待したこと

共創や協働を考えるに当たって興味深い展開があった事例として、筆者が関わった神奈川県「大学発・政策提案制度」があ

る。地域の中に多様な共創・協働をつくりだそうとする画期的な施策だ。筆者はその枠組みにおいて「神奈川県内地域特性別シティプロモーションモデルの開発」に取り組んだ。

　大学発・政策提案制度は、2015年度の募集要項によれば「県内に所在する大学（短期大学、大学院大学を含みます）から、大学の研究成果を活用した県政に関わる政策をご提案いただき、公開コンペ方式の審査により選ばれた提案について、大学と県が【協働】で事業を実施することにより、多様化・複雑化する県政課題の解決を図る制度」とされている（【　】は筆者）。

　2015年に東海大学では筆者を代表として「地域特性別シティプロモーションモデルの開発」を提案し、公開コンペの結果、採択を受けた。

　つまり、神奈川県内においてシティプロモーションを的確に行いたいという目的を神奈川県と大学（研究室）が共有し、神奈川県が協働主唱者となり、大学（研究室）が協働呼応者となった取組みである。

(3) それぞれに弱みと強みがある

　この事業において、神奈川県の強みは政策必要性の判断能力と資金提供力、弱みは政策形成の基礎となる研究における専門性である。大学発・政策提案制度において、そのような認識があるからこそ「協働で事業を実施する」との説明が述べられて

いた。

　自分の弱み・強みを十分に理解し、相互補完によって、共有できる価値を創造することが協働である。

　本事業における大学（研究室）の弱みは何か。県政全体における政策の優先順位への理解と、研究を実現するための資金だ。この弱みを補完するものとして、神奈川県は自らの強みの発露として公開コンペによる提案採択を行うとともに、一定の資金を支出した。

　この資金支出において、神奈川県は協働をことばだけではなく実質化する仕組みも用意している。的確である。県が100万円の資金を支出する一方で、大学は労務換算費用として同額を支出する形式をとる。具体的には1時間当たり3,000円を労務換算費として設定（この金額の妥当性については措く）することで、大学（研究室）は333時間を本事業の研究のために使う。つまり、この時間が大学（研究室）の強みである研究における専門性を発揮する時間になる。

　その時間によって、県内における地域特性別シティプロモーションモデルを提案し、このことが協働による大学発・政策提案制度としての成果を実現させることになる。

　しかし、互いの強みを発揮し、弱みを穴埋めする上で、いくつかの課題もあった。その大きな原因は、大学（研究室）と県との日常的な連絡不足と、並行的な関係である共創・協働があ

たかも一組織の垂直（上下）関係になってしまったことである。

　大学（研究室）はシティプロモーションの重要な地域特性として、地域連携によるシティプロモーションについての事例調査を計画した。その調査計画に基づき県外自治体調査のひとつとして、イギリスのニューカッスル・アポン・タイン市とゲーツヘッド市の連携についての調査を行った。しかし、筆者と県の担当者との連絡が不十分だったことにより、海外事例調査終了後に、県から大学（研究室）に対し「国内調査や電話取材等では代替不能であることを読み込めない」との意見が出された。

　大学発・政策提案制度は「協働」の制度である。県の強みは政策優先順位の確定と資金であり、弱みは具体的な提案の基礎となる研究の専門性である。大学（研究室）の強みと弱みはその反転である。その相互に補完することによって目的を実現することが「協働」になる。

　研究において何をどのように調査するかは、研究の専門性、大学（研究室）の強みである。その大学（研究室）の強みの部分に対し、県が、「読み込めない」と判断することは、共創・協働とは言い難い部分が残る。

　もちろん、県の強みである政策優先順位の確定において、一定の意見交換を踏まえて、県がそのような判断をすることは当然だ。ところが、設定された予算、それに応じた労務換算時間

で、専門性という強みを持った大学（研究室）が的確であると考えた調査分析項目を退け、別の調査で対応できると考える能力が県にあるならば、県にはその部分に「弱み」はなかったことになる。そうであれば、県が大学（研究室）と【協働】する意義は薄れてしまう。

協働においては、相手側の強みである部分を一概に否定するのではなく、十分かつ定期的なコミュニケーションを行うことで目的の実現に結びつけることが必要になる。大学発・政策提案制度の事例においても、より頻繁な意見交換があれば、さらに望ましい成果が得られたであろう。

別の視点からも述べよう。協働において、一方からもう一方へお金のやりとりがあるとき、お金を出す側と受ける側が、あたかも組織の中の「雇う・雇われる」の関係による指示命令関係になってしまうことがある。例えば、当初のとりきめとは異なる状況が生まれた時に、お金を出した協働主唱者が、お金を受けた協働呼応者に「始末書」を提出するように求めることがあったとする。しかし、始末書とは、内部的な上下関係を基礎において要求され、提出されるものだ。協働によって行われる事業において、一方がもう一方に始末書を提出するように求めることがあるとすれば、それは、上下関係をつくりだすことになり、十分な協働による成果にはつながらない。

役所とNPO、役所とまちに住む人々が共創・協働によって

取り組む。まちに関わる存在を増やし、すてきなまちをつくるための熱を持ったしなやかな土台をつくりだすために協働する。

　そのときに、役所からNPOや市民に、役所の強みとして金銭が支出されることがある。それに対して、NPOや市民は、自分の強みを発揮し、役所の弱みを補完することで、的確なシティプロモーションを実現する。

　役所は、自分の強みからだけ発想するのではなく、常に自分の弱みを意識し、それを補完する協働相手への想像力を持たなければならない。

　共創・協働ということばは、必ずしも悪意なく、都合よく使われがちである。

　しかし、シティプロモーションが、まちに関わる人たちの、まちをお勧めしたい、まちをよりよくしたい、まちをよりよくしようとする働きに感謝したいという想いを増やすことを目的とするのなら、共創・協働ということばは、都合よく使ってはならない。

　協働を成功させるためには、常にコミュニケーションをとり、それぞれの弱みと強みを理解し、相手の判断を尊重し、互いに意見を十分に交換し、対等な関係であることを理解していなければならない。それを怠ってしまうと、そのリバウンドは、まちの力をそぎ落としていくことになる。

(4) 「何を行わないのか」から考える

　まちのしなやかな土台をつくるシティプロモーションにおいて、共創・協働はとても大事だ。

　シティプロモーションは、役所とまちに住む人たちやまちのNPO・会社が、それぞれ自発的に、自分の問題と考えて参加することで可能となる。

　これらの共創・協働により、まちの「空気」「雰囲気」を形成する、まちの「空気」「雰囲気」を醸しだす取組みを行う。

　共創・協働がうまくいけば、まちに関わる人たちの、まちへの推奨意欲、参加意欲、まちをよりよくしようとしている人たちへの感謝の意欲を増やすことができる。

　協働を上下関係と誤解してはいけない。密な連絡を怠らず、それぞれが自分の弱みを十分に意識し、その弱みを補完する強みを持った協働相手とともに様々な取組みを行うことが、まちを豊かにすることにつながる。

　役所の担当者は責任逃れをするといわれることがある。筆者はそうは思わない。役所の担当者のほとんどは極めてまじめであり、職務に熱心である。むしろ、役所の担当者は責任をとろうとしすぎる。それによって課題が生まれる。例えば、大学発・政策提案制度の担当者も極めてまじめに仕事を行っていた。大学発・政策提案制度のすべての過程について責任をとろ

うとした。いや、とることが内外から期待された。

　だからこそ、それぞれの専門性に基づいて仕事を分担する協働相手であるはずの大学が行った研究について、その研究成果を生みだすベストな研究方法までも、県が説明しなければならないと考えた。

　こうしたことは役所だけが責を負うわけではない。

　役所以外でまちに関わるはずの人たちが、自分のことを、まちを担う者として考えないことも理由になる。まちに責任を持つ者を役所に限ろうとする発想が、役所の担当者が責任をとりすぎることにつながる。

　大学発・政策提案制度が協働に基づく事業であるならば、本来は責任を役所と大学が分担することが必要になる。ここでの責任とは、それぞれの専門性に基づく説明責任だ。大学（研究室）もまた、納税者に対し、その研究方法が的確であったことを十分に説明する責任がある。甘えてはいけない。

　しかし、役所だけが責任をとらされることが普通なら、役所は責任をとらなくていいことまで責任を負わされてしまう。それによって、自分の仕事を増やしてしまうことになる。

　共創・協働とは目的を共有し、その目的に向けた道筋を、それぞれの仕事として責任分担することだ。

　言い換えれば、役所はやらなくていいことを見極める力を持つことが必要だ。いつまでも自分たちが抱え込むことで、共

創・協働という関係を壊し、仕事が増え、疲弊する。

　共創・協働とは、協働主唱者がまず「開く」ことによって誘い込むものである。役所が協働主唱者となる場合、それによって、まちに住む人たちやまちに関わる人たちを責任を持った当事者にすることが大事だ。

　共創・協働を担う者たちは、最終目的を実現するために必要な自分の目標を設定し、その目標実現のためにそれぞれに働く。それぞれの目標に向けた仕事が的確に行われているか常に意見交換し、相互に調整する。

　そして、大事なことは、それ以外にはできる限り顧慮しない「スルー」する力が求められる。本務と支援を弁別し、野放図に守備範囲を広げないことが必要になる。

　「役所は何をやるのか」ではなく「役所は何をやらなくていいのか」。このことをさらに突き詰めなければ、協働は美しいことばだけに終わる。仕事を熱心に行おうとすることが、自分を疲弊させ、かえって、まちの力を失わせる。

6. 「とにかく知ってもらわなくちゃ」だけでは成果は上がらない

(1) 認知獲得のためのドミナント・トレンド・ギャップ

　「地域を発信する」ことがシティプロモーションだといわれることがある。何のために発信するのか十分に説明できるなら、それは正しい。

　何のために、どのようにまちを発信するのかについて、メディア活用を戦略的に行うことが必要だと述べた。

　メディア活用戦略モデルは、情報把握のための「傾聴」を行いつつ、できるだけ多くの人たちに気づいてもらうための「認知獲得」・ターゲットの「関心惹起」・詳しい情報へ引き込む「探索誘導」・誘導されたターゲットからの信頼・共感を確保する「着地点整備」・インセンティブによる「行動促進」を実現し、各時点での情報のシェアを促す「情報共有支援」というフェイズごとに異なる取組みが必要になる（図表2-16）。

　ここでは、図表2-16の戦略モデルの中でも、「認知獲得」について取り上げることとする。まだ十分に知られていない取組みや地域について、何となくでも「聞いたことがある」という状況をつくることが、認知獲得のフェイズの目的となる。

　しっかりと認知獲得することで、まちの人たちが役所の取組

図表2-16 メディア活用戦略モデル

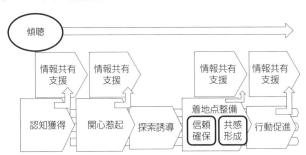

みを知り、それがうまくいっているかわかるようになる。

まちの外に住む人たちが、まちの存在やまちの取組みを知るようになる。それによって、「あぁ、あの○○」という周囲からの納得を得やすくもなる。そのことで、まちに共感する人たちを孤立させず、行動しやすい状況を用意できる。

認知獲得のためには、3つの誘発ポイントが有効になる。ドミナント・トレンド・ギャップだ。

ドミナントということばを筆者は、圧倒的優位のこととして解釈する。世界で初、日本で初という切り口があれば認知は獲得しやすい。また、トレンドに「乗る」ことで認知されやすくなる。今、話題になっていることに絡めつつ伝えることで、多くの人々の目を引くことができる。ギャップは、発信された内容と、発信した主体・発信される文脈との間にある落差だ。落差によって驚きやおかしさをつくり、認知を獲得できる。

しかし、シティプロモーションの一環として認知を獲得するなら、シティプロモーションの目的とずれてしまってはいけない。

　シティプロモーションの目的は、まちに関わる人たちの意欲を高めることだ。そのために、そのまちが、どんな幸せをつくれるのか、誰に共感されるのか、どんな「空気」「雰囲気」を持つのかという、地域のブランドを明らかにする。

　つまり、まちがどんな人に共感されるのかと全く無関係に、ただ目立てばいいというのはおかしい。まちの人たちの想いを十分に聞き取り、このまちはどんなまちを目指すのかを明確にしないまま「まちを発信する」ことはできない。

　一方で、まちのブランドに共感しない人が住めないまち、意見が述べられないまちにもなってはいけない。

　シティプロモーションでの認知獲得は、目を見張らせるドミナント・トレンド・ギャップを持ちながら、まちへの共感を獲得できる人たちを裏切らず、ブランドに共感しない人たちも傷つけない、単純ではないメディア活用が必要になる。

　役所がシティプロモーションの主体となるなら、とりわけ多様性に気配りしなくてはいけない。**ダイバーシティ** 💡への意識である。

　役所は、限定された人々の「代理人」であるNPOや会社とは違い、より多くの人たちの「代理人」として、多様性に気を

つけなければならない。

男性、女性、それ以外の性。様々な障害。年齢、居住地、職業……。ひとつの視点ではなく多様な視点が大事になる。

認知を獲得するために、ドミナント・トレンド・ギャップがあれば何をしてもいいわけではない。それによって、どのように傷つく人がいるのか、傷つく可能性があるのかという想像力が必要だ。

しかし、だからといって、ドミナント・トレンド・ギャップを穏当な、当たり障りのないものにすればいいというわけではない。それではドミナント・トレンド・ギャップの力を失う。

必要な力は説明力である。そのドミナント・トレンド・ギャップが、切っ先を持ちながら、どのように多様性を含み込んでいるのかを説明できるのか、説明するだけの気概を持って認知獲得を実現しようとしているのかということだ。

お門違いの批判にたじろぎ、すぐに取組みを中止するような、説明する能力も、説明しようとする気概も、それらを可能にする想像力と周到な準備もないまま、シティプロモーションの認知獲得を行うことはできない。

まちは売り抜ける商品ではない。まちは、まちの人たちの力、まちの外からまちに共感する人たちの力によって、少しずつ力を高めていく。

まちに関わる人たちの、緩やかに続く幸せを実現するために

「まちを発信する」はずだ。手段が本来の目的を破壊してはいけない。

ドミナント・トレンド・ギャップに価値があるのではない。

常に問わなければならない。そのメディア活用が、まちの人たちの推奨・参加・感謝意欲の拡大と、まちの外からまちに共感する人たちの参加意欲の拡大を促せるのか。そのメディア活用が、ひいてはまちに関わる人たちの、緩やかに続く幸せの実現に役立つのか。誤ってはならない。

(2) なぜ自治体動画ははやるのか

このところ、役所がシティプロモーションの一環として動画を作成することがはやっている。むしろ、シティプロモーションは動画をつくるものだと考えているのではないかとさえ思える。

動画には様々なフェイズでの役割がある。まちへの共感を獲得可能な人たちを引き込み、着地点としての動画で実際に共感をつくりだす役割、まちへの共感を獲得可能な人たちがよく利用する場所に動画を置き、関心を引き起こす役割。中でも、ドミナント・トレンド・ギャップにより認知獲得を図ろうとする自治体動画が目立つ。

自治体動画そのものは情報受信者に自ら伝えにいくプッシュメディアではなく、やってくる情報受信者を待ち構えるプルメ

ディアである（図表2-17）。

　プルメディアは認知獲得には向いていない。自分から働きかけるプッシュメディアでなければ認知獲得はできない。

　しかし、自治体動画は2つの方法で、プッシュメディアに変化させることができる。ひとつは、ソーシャルメディアでの自動再生である。FacebookやTwitterなどのソーシャルメディアに掲載された動画は、多くの場合わざわざ再生ボタンをクリックしなくとも自動的に再生される。このため、ソーシャルメディアに幅広く動画を掲載できれば、自治体動画はプッシュメディアとして働く。

図表2-17　プルメディアとプッシュメディア

もうひとつは、ドミナント・トレンド・ギャップを持つ動画をニュースリリースすることだ。これによって、マスメディアの取材を獲得し、マスメディアからの情報発信によりプッシュメディアとなれる。

　ドミナント・トレンド・ギャップのある動画は、ソーシャルメディアによるシェアも起きる。これにより、新たなプッシュメディアとして自治体動画が働く。

　動画は静止画や文字に比べて強いインパクトを持つ。ストーリーも仕込める。そのため、認知獲得を実現しようとする役所は、ドミナント・トレンド・ギャップのある動画を作成しようとする。

　それが成功も失敗も生むことになる。

(3) 久喜市「1000人クッキーダンス」の達成と課題

　ドミナント・トレンド・ギャップによって認知を獲得する興味深い事例に、埼玉県久喜市の自治体動画「3058人がダンス！久喜市 PR ビデオ『1000人クッキーダンス』」がある。この動画は市の歌「笑顔のまち永遠なれ」のダンスアレンジ曲に合わせ、様々な場面で多くの人たちが同じダンスを披露しているものだ。YouTube には、以下のようなキャプションが書かれている。

　「【自治体史上最多！3058人が出演】『ようかい体操第一』や

『金曜日のおはよう』などの踊ってみた動画で人気のまなこさんが出演。キレッキレのダンスは必見です！主演は久喜市PRビデオ『1000人一発撮り』に引き続き鶴巻星奈さんが登場。見て楽しく、踊ってみても楽しいこの『1000人クッキーダンス』。踊ってみた動画も募集中です！」

このキャプションは、どこにドミナント・トレンド・ギャップがあるかを明らかにしている。

ドミナントとして「自治体史上最多」という状況をつくる。トレンドとして「踊ってみた動画で人気の」女性を起用する。ギャップとして「役所」と「クッキーダンス」という違和感を設ける。

「1000人クッキーダンス」は認知獲得にとどまらず、情報共有支援の仕掛けを持っている。

キャプションにある「踊ってみた動画も募集中です！」ということば、踊りたくなる振り付け、「振り付け練習用反転映像」という鏡を見ながら踊る練習ができる動画も用意されている。

その成果として、「1000人クッキーダンス」は50万回の再生回数を獲得し、「踊ってみた動画」も50本を超えた。

「1000人クッキーダンス」では、久喜市の公園、学校、道路、体育館など様々な場所で、多くの人たちがリズムよく笑顔で一生懸命に踊っている。まちに関わる多彩な人たちが老若男女それぞれに輝いている。

2017年6月時点のバージョンでは、一見して障害を持ちつつチャレンジしている姿の人たちは見られない。それでも、多くの人たちがダンスをする姿は、地域における多様性をストレートに示そうとしている。

　最後に現れる「永久（とわ）に喜びくらせるまち」というメッセージは、どんな人の共感を獲得できるかについて、十分に明らかとはいえない。しかし、緩やかながら、一時的ではない継続する幸せを願う人たちを、共感を獲得できる人とはしている。

　「1000人クッキーダンス」は、十分な認知獲得の力を持つ。その上で、共感を獲得できるだろう人の共感可能性を失わない。まちの内外の様々な人を傷つけてもいない。

　これらによって「1000人クッキーダンス」で踊った3058人、そして50本の「踊ってみた動画」で踊った人たちが、久喜市の魅力を発信する当事者になった。

　シティプロモーションはまちに関わる人たちを増やし、まちに関わる人たちの意欲を高めることにより、まちを支えるしなやかな土台をつくることが目的だ。

　一方で、さらに強いドミナント・トレンド・ギャップにより、再生回数を400万回、「踊ってみた動画」を500本にできるならば、そのほうが望ましく思える。

　しかし、その強化したドミナント・トレンド・ギャップゆえ

第2章 シティプロモーションが「失敗」する

に、共感を獲得できたはずの人たちからの共感を失い、誰かを傷つけて認知を獲得し、400万回の再生回数を得るのなら、シティプロモーションの認知獲得としての意義はない。

(4) 志布志市「UNAKO（少女U）」は失敗か

鹿児島県志布志市が、ふるさと納税を獲得するために作成し、2016年9月21日に公開した「少女U」（その後「UNAKO」にタイトルを変更）という動画がある。

この動画は、スクール水着でプールに仰向けに浮かんでいた「少女」が、ぬれた髪のまま、男性に対し「養って。」とお願いする映像から始まる。

その後、プールサイドでスクール水着のまま寝そべっている映像や、これもプールサイドでテントに入り、うれしそうに「私の部屋！」と述べる場面が続く。

シーンは次のように移っていく。長々と伸びたホースから出る天然の水を顔にかけられて喜んでいる水着の少女、雨のプールで水着のままフラフープをしている少女、ペットボトルをつかもうとするがぬるぬると滑って手から落としてしまう水着の少女、たき火のそばで眠る少女のアップ。

この間、緩やかな音楽とともに男性の声でナレーションが入る。そのいくつかには、「僕は決めた。彼女のために、できる限りのことをしてやると」「彼女が触れる水は天然の地下水だ

113

けにした」「おいしいものをお腹いっぱい食べさせ」「ぐっすりと眠れるようにした」「また、次の夏が来た」ということばがある。

　これらの映像とナレーションの後に、少女が「さよなら」といい、プールに飛び込む。少女の姿がうなぎに変身するシーンに「その美しい人の名は、うな子」「志布志の豊かな自然で育ちました」というナレーションが入る。「たいせつに、養ってます」というキャプションのすぐ後に、うなぎの蒲焼がおいしそうにあぶられている場面が続く。

　画面には「うなぎ養殖日本一の鹿児島でナンバーワン！」「志布志のうなぎを、ふるさと納税で」「日本一志の多いまち志布志市」という文字が映る。

　最後に、ここまでの少女よりさらに年少の別の少女が、再びスクール水着で「養って」と訴えてくる。

　この動画は、後述するようにわずか6日間だけの公開でありながら40万回近い再生回数となった。また、この動画による効果だけではないだろうが、志布志市の2016年度のふるさと納税は、前年度の3倍になり22億円を超えた。

　認知獲得として大きな成功であり、さらに納税額の向上という成果を得た。動画について「かなり頑張ったと思う。単なる田舎自慢では見向きもしなかったでしょう」とのTwitterによる意見もあった。

しかし、この動画は、カニバリズム（人肉食嗜好）や、少女監禁への連想、顔にかけられる水・水着でのフラフープ・ぬるぬるとした液体などの隠微な性的要素、男性が女性を養う対象として見る発想などの指摘により多くの批判を受けた。

市長は、2016年9月26日に「ふるさと納税PR動画『UNAKO』につきまして、動画公開後に視聴者の皆様に不愉快な思いをさせてしまいましたことをお詫び申し上げ、平成28年9月26日㈪16：10をもちまして動画の配信を停止させていただきました」とウェブサイトに記述している。

この動画はシティプロモーションの視点から見て、どのように判断できるのか。シティプロモーションを単なる認知獲得だとすれば、この動画は成果を上げたことになる。鹿児島県に志布志市というまちがあり、その志布志市でうなぎ養殖が盛んであることを、この動画とそれにまつわる大きな批判により知った方も少なくないだろう。

また、シティプロモーションはまちを売り抜くことだというのであれば、それもまた「動画は成功だった」という意見を裏打ちする。なぜなら、とにかくふるさと納税は増加したのだから。

しかし、シティプロモーションは単なる認知獲得でも、まちを売り抜くことでもない。まちに関わる人たちによる、まちへの推奨意欲・参加意欲・まちを支える人たちへの感謝の意欲を

高めることで、熱を持ったしなやかな土台をつくるものだ。

　シティプロモーションとしての認知獲得であれば、志布志市が誰に共感してもらえるまちなのかを明らかにすることがまず求められる。その上で、ドミナント・トレンド・ギャップのいずれか又は複数の要素を持ち、ターゲットからの共感可能性を失わず、共感を得られない人たちも含めた様々な人を傷つけないメディア活用が求められる。

　「UNAKO」がそのような十分に考えられた認知獲得によるメディア活用となっていたのか、改めて考えることが必要だろう。

　これを考えるときに、「UNAKO」のキャプションにも記された「日本一志の多いまち志布志市」ということばに注目する。

　「日本一志の多いまち」とは志布志市という市名に「志」が２つ入っているということを基礎にしているのだろう。しかし、それだけではないはずだ。市報「しぶし」2014年3月号で、市長は市名の歴史的沿革にも触れ、「この地はまさしく日本で一番『志』の高いまちになるべきだ」と述べている。

　「UNAKO」の内容は「日本で一番『志』の高いまち」にふさわしいものだっただろうか。もともと、そのような自分たちのブランドを意識した取組みだったのだろうか。さらにいえば、自分たちのブランドというものが十分に確立されていたの

だろうか。

　認知獲得や一時的な利得を獲得する取組みによって、かえってまちのブランドが壊れる。

　役所においても、シティプロモーションやマーケティングに関わる担当者は、どうしても目の前の成果を上げなくてはならない状況に追われている。その厳しさは十分に理解できる。

　しかし、今、自分が行う取組みが、長期的なまちのイメージを壊し、ブランドを喪失させるかもしれない。そのような恐れを持ちつつ、仕事を行うことが望まれる。まじめに自分たちの行動、その影響に、想いを返しつつ、一歩一歩の取組みが求められる。

成功へのヒント column

ダイバーシティ

　ダイバーシティとは「多様性」である。日本では男女共同参画という文脈から語られることが多いが、必ずしも性別に限定されたものではない。もっと端的に「いろいろな人がいて、その『いろいろな人』がそれぞれに関わることが大事なのだ」という意味で考えることが望ましい。年齢、人種、民族、身体的な・精神的な・発達上の障害の有無・程度、貧富の差、さらには宗教、信条。自らでは容易に克服できない「違い」には、特に注目しなければならない。

　地域には様々な人が住んでいる。それらの人々がそれぞれに視線を持っているということへの理解が求められる。

　「40歳から50歳の、大きな障害を持たない、年収800万円の企業社員である男性」という視線からしか地域を見ていないのではないかという振り返りを常に行う。85歳から見たときに、このまちは、この情報内容はどのように見えるかという想像力を働かせる。聴力に不自由がある女性から見たら、このまちは、この情報内容はどのように見えるかという想像力が必要になる。

　その身になって考えたときに、その情報内容によって傷つくかもしれないという気づきが生まれる。誰かを傷つける、優位・劣位を固定化し、支配・被支配を固定化するような情報発信は、たとえそれが一時的に注目をされたとしても、まちの価値を喪失させることに気づく必要がある。

7. 市民参加は大事ですという「失敗」

(1) 共創エンジンを回すということ

　私は、シティプロモーションにおいて、まちの魅力を語れるようにするために、「地域魅力創造サイクル」という考え方を示している（図表2-18）。

　まちの魅力を発散し、発散したまちの魅力を共有し、共有したまちの魅力を編集して「誰に共感されるまちなのか」という

図表2-18　地域魅力創造サイクル

ブランドを明らかにする。

　その上で、そのブランドを基礎に、まちの様々な取組みを磨き上げ、磨き上げた取組みを魅力として再び発散するというサイクルだ。

　この「発散→共有→編集→研磨→（再）発散」というサイクルは、役所だけではできない。まちに住む人たちや、まちのNPO・会社、まちの外からまちに共感する人たちとの共創・協働による「共創エンジン」が必要になる。

　「共創エンジン」とは、行政だけではなく、まちの様々な人たちが連携してつくりだす駆動力である。

　共創エンジンを「いつでも市民参加が大事です」ということばで終わらせてはならない。求められることは参加ではなく、むしろ「徐々に」進める当事者化である。もちろん、参加と当事者化は重なる。

　ただ、参加ということばが「一般公募すれば参加」「市民投票すれば参加」という理解では十分ではない。当事者化に失敗した参加では共創エンジンを回すことはできない。

(2) 「KitaComing！北上市」での市民の当事者化

　ブランドメッセージ案として複数を提示し、それを市民投票により選択することでブランドメッセージを決定することがある。いい取組みだ。

しかし、ただ案を並べて市民の投票を募るのでは、投票者は当事者という意識を持ちにくい。

北上市の「KitaComing！北上市」の事例で見たような、まちに関わる人たちを積極的に当事者にする仕掛けが意味を持つ。それについて、より具体的に述べる。

先に述べた、北上市で行われた、広告代理店から提示された９つのブランドメッセージ案から次のステップに進む４つの案を選定する方法を紹介してみよう。

選定に当たって、きたかみ都市ブランド推進市民会議のメンバーに挙手してもらい、上位４つを選べば、それで市民参加になったように思われる。

しかし、北上市ではここまでの曲折を考慮すると、そうした手法では、メンバーが十分に当事者にならないと考え、次のような方法を選んだ。

まず、きたかみ都市ブランド推進市民会議のメンバーに、サポーターになりたいと思う案を９案から選んでもらった。このとき、必ずしもどこかひとつのサポーターになる必要はない。どのブランドメッセージ案も、サポーターになるほどの気持ちにはならないということもあるだろう。ここで、１人もサポーターがいなかった案は、お役御免でさようならだ。

サポーターが複数になった案については、サポーターたちによる意見交換を行い、数分程度の「推し」発言を決めた。

サポーターが1人だけの案については、その人の頭の中で、同じく数分程度の「推し」発言を考えた。

　「推し」発言では、特に「どんな人に伝えたいことばなのか」「北上市はそのことばを実現できる力を持っているのか」を大事にする。

　各ブランドメッセージ案ごとに、それぞれのサポーターが「推し発言」を行い、そのブランドメッセージ案がどのような意味を持ち、北上市の「空気」「雰囲気」をどのように表しているかを説明した。それぞれの「推し発言」を聞いて、もともとはどの案のサポーターだったかにかかわらず、最も支持できると思った案に投票し、投票上位の4候補を確定した。この仕掛けによって、メンバーの積極的な発言が出され、意見交換も積極的に行われた。

　こうした取組みを経て、地域でのブランドメッセージ総選挙が行われたことで、きたかみ都市ブランド推進市民会議のメンバーも熱心に「選挙活動」を行うことになった。十分に当事者化を深める意義を持った方法であったと考える。

(3)　ブランドメッセージとロゴマークは別々でもいい

　ブランドメッセージとロゴマークを切り離すことで、当事者化を深めようとする考え方もある。

　広告代理店やデザイン会社などの民間企業にブランドメッ

セージの作成とロゴマーク制作を同時発注するのは、よくある
パターンだ。イメージの統一感が大事だということが理由に
なっている。

しかし、でき上がったブランドメッセージとロゴマークを同
時に発表することは、一時的には関心を呼ぶとしても、継続的
な当事者化には相当の工夫が必要になる。

これとは異なる次のような手順もある。まちに関わる人たち
の関わりを少しずつ深めながら、ボディコピーを基礎としたブ
ランドメッセージをまずは作成する。ブランドメッセージが
「誰に共感してもらえるまちになれるのか」を表したことばだ
ということを大事に、まちの中で様々に取り組む。ブランド
メッセージを実際に形にするような取組みが、まちのあちこち
で行われる、行いたくなる仕掛けを多彩に用意する。

その上で、まちに関わる人たちから「ロゴマークが欲しい」
「ロゴマークがあると、取組みが行いやすい」という想いを誘
いだす。

そこから、まちに住む人たちやまちのNPO・会社、まちの
外からまちに共感する人たちの参加を得つつ、ロゴマークを制
作する。

これによって、地域をブランド化していくことへの継続的な
関わりを獲得できる。ブランドメッセージ発表が一時的な花火
で終わらず、「これを基礎にして進んでいく」ということを表

す仕掛けにもなる。

　例えば名古屋市では、「名古屋なんて、だいすき」という
キャッチフレーズにより、地域の魅力を発見しようという想
い・意欲を誘いだす。

　そうした想い・意欲により、今までは魅力だとは考えられて
いなかったものも含めた、数多くの地域の魅力が集まる。それ
らの魅力をもとに、ブランドメッセージを提起する。

　提起されたブランドメッセージに込められた物語にも沿っ
て、まちに住む人たちやまちのNPO・会社、まちの外からま
ちに共感する人たちの、まちへの関わりを高めていく。

　その上で初めてロゴマークの制作につなげる。名古屋市は
今、そういう考え方に立っているはずだ。息の長い当事者化の
取組みである。

　さらに発想を展開すれば、ひとつのブランドメッセージ、ボ
ディコピーのもとで、多様なロゴマークがあってもいい。それ
ぞれの取組みに応じて、ブランドメッセージに込められた意味
を大事にしつつ、それぞれにふさわしいロゴマークがあるのも
おもしろい。まちに関わる人たちの様々な発想を可能にする。

　その萌芽として、宇都宮市シティプロモーションのブランド
メッセージ「住めば愉快だ宇都宮」の「愉快ロゴ」がある。愉
快ロゴは役所に使用申請すれば使うことができる。

　飲食店では「飲めば愉快だ宇都宮」、ホテルでは「泊まれば

愉快だ宇都宮」など、それぞれに応じたオリジナルロゴをつくることができる（図表2-19）。

宇都宮市内の社会保険労務士事務所のブログには、「オリジナル宇都宮愉快ロゴが完成しました」というタイトルで、「研修が愉快だ宇都宮」というロゴを取得したことについて書かれている（http://yhlee.org/wp/ 宇都宮愉快ロゴ /）。

そこでは、申請して承認されたということだけではなく、役

図表2-19　宇都宮市の「愉快」ロゴ利用サンプル

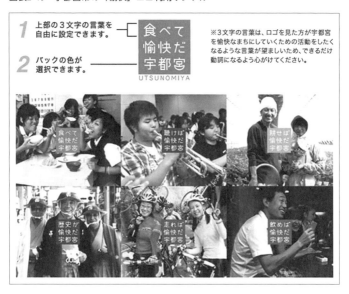

（出典：宇都宮ブランド推進協議会ウェブサイト）

所からの丁寧なアドバイスを受けて、ことばや色を変更した様子も書かれている。

ブログに書かれた「元気なイメージでとても気に入っています」のことばは、まちにとって大きな意味を持つ。

こうした事例からも、愉快ロゴが「自分たちは愉快な宇都宮をどのように実現できるだろう」という当事者をつくる仕掛けとして働いていることがわかる。

ひとつのブランドメッセージ、ボディコピーのもとで、多様なロゴマークがあり得るのなら、ここまでまちの「空気」「雰囲気」をつくってきた歴史を大事にして、既にあるロゴマークを捨ててしまわずに、上手に使うこともできる。

それぞれの場所で使われるロゴマークを、まちの「空気」「雰囲気」を表すようなストーリーで結び、それぞれのフィールド、ターゲットに合った適切な状況で用いる。

こうしたストーリーを、まちに関わる人たちがつくりだしていく。このストーリーを積極的に伝えていく。

こうした取組みが、ボディコピーに込められた、まちのどこにも感じられる「空気」「雰囲気」の中に、様々な濃度をつくりだしていくことができる。

ロゴマークを公募し、人気投票をすれば、市民参加という体裁は整うだろう。しかし、それだけでは、まちに関わる人たちを継続的に当事者にすることはできない。道具としてのロゴ

マークをどのように用いるか、シティプロモーション部局の工夫が問われている。

(4) 「市民記者」を超えて

市民参加の一環として「市民記者」という取組みがある。シティプロモーション用のウェブサイトに、市内のちょっとした有名人や、公募に応じた文章を書くことが好きな人が、まちの魅力について書いている取組みである。

それらの取組みは成功しているだろうか。

その「市民記者」たちが記事を書くことによって、まちの当事者となることは確かに期待できる。しかし、「市民記者」は、まちの中でも限られた人間だ。

まちには文章を書くことや写真を撮ることが好きな人、毎日の中で短歌や俳句をつくる人、インスタグラムやTwitterに写真やつぶやきをアップする人は数多くいるだろう。しかし、そうした人たちが「市民記者」となることは少ない。

そこまでの想いはなかったり、もともと、そうした仕組みを知らない人もいる。

「市民記者」だけを当事者にするのではなく、より多くの、まちに関わる人たちを当事者にする工夫はないだろうか。

「市民記者」は、それぞれの想いで、まちの魅力について書く。自分の経験や日常と重ねながら書くことも多いだろう。そ

れらがうまくかみ合えば、まちの「空気」「雰囲気」を表すことができる。しかし、それぞれの文章が別々に書かれることで、読む人には、まちがぎくしゃくしていると映ることも考えられる。

シティプロモーションは、まちに住む人たちの、まちを推奨する意欲・まちに参加する意欲・まちに感謝する意欲、まちの外に住む人たちの、まちをお勧めしたいという意欲を高める取組みだ。

その高めた意欲を背景とした様々な仕掛け・デザインによって、まちに住みたい、住み続けたいという人たちを増やす、まちの魅力的な産品を買いたいという人を増やす、まちの中で交流したいという人を増やすことになる。

そのために、このまちはどんな「空気」「雰囲気」を持っているかを明らかにする。その「空気」「雰囲気」に共感する、住んでみようか、買ってみようか、行ってみようかという人たちを誘い込み、信頼と共感を獲得する場所である着地点が必要になる。

それは紙媒体やウェブサイト、またイベントでも構わない。

役所ではなく市民による情報が着地点にあることで、共感を形成しやすくもなる。「市民記者」が書いた記事は、そうした着地点に掲載される。

ところが、その着地点がぎくしゃくとして、十分にまちの

「空気」「雰囲気」を表せなければ、着地点の意義は弱まってしまう。

　まちの魅力を一つひとつの切れ端として示すのではなく、まちの「空気」「雰囲気」をもっと十分に表す着地点はできないだろうか。

　その問いに答えるものとして、「市民編集者」という発想がある。自分の想いだけを基礎にまちを取材し、情報を発信する「市民記者」ではなく、既に様々に発信され、まちのいろいろなところにある情報を改めて集約し、「どのような人に共感されるまちなのか」というブランドに合わせて示す「市民編集者」が必要となる（図表2-20）。

図表2-20　「市民編集者」イメージ

この「市民編集者」には、取材や執筆、撮影などの技術にとどまらないネットワークをつくる力が要求される。シティプロモーションで著名な奈良県生駒市が「いこまち宣伝部」でつくりだそうとしているものは、こうしたネットワークをつくる力でもある。

　「市民記者」という形式をとることで発信者が固定するよりも、たった1回でも発信されたまちの情報をいろいろなところからすくいとり、その内容をまちの「空気」「雰囲気」に結びつけて編集する力が欲しい。

　まちの中にある様々な魅力。魅力や由来を示したまちかどの掲示板。書くことが好きな人。写真や動画を撮ることが好きな人。まちに住むアーティスト。まちの外に住むけれど、そのまちのことを好きな人。個人ブログに書かれたまちの情報。ソーシャルメディアに述べられたまちに関わることば・写真・映像。

　そうしたものに気を配って、聞き取ろう、読み取ろうとする力、「だったら発信してみようか」という意欲を市民や地域に関わる人たちに起こさせる、あえて弱みを見せる巧みな発信力。

　それらによるネットワークをつくる力。上手に褒める力。途中経過を見せることで誘い込む力。常に人の体温が感じられるようなことばを使う力。

そうしたもののいくつかが、「市民編集者」には必要だ。

編集の形式は様々にある。感情を動かしやすい動画を基礎にした編集もある。しっかり考えようという意欲を生みだす地図を利用した情報の提供も考えられる。過去からの積み重ねや変遷を大事にしたアーカイブも意義を持つ。ウェブサイトではなくフリーペーパーのようなものにすれば、スペースに制限がある紙媒体だからこそ、より強い編集力が必要にもなる。

一つひとつの情報や人をネットワークしたまちの着地点によって、まちの「空気」「雰囲気」が見えるようになる。

その着地点をつくる「市民編集者」、それにとどまらず、結果的に編集の素材となる多彩な情報を提供することになった様々な人たち、ネットワークの中に立つことになった様々な人たち、彼らが皆、まちの当事者になる。

そのようにしてつくられた着地点に降り立った人たちは、まちの「空気」「雰囲気」を確かに感じることができるはずだ。

(5) 豊能町魅力発掘隊ミーティングの実証

ここまで、市民の当事者化は大事であると繰り返し述べてきた。

さて、当事者化は、熱を持ったまちのしなやかな土台である地域参画総量を本当に増大させられるのか。その実証として、大阪府豊能町での魅力発掘隊ミーティングの事例を紹介しよ

う。

　豊能町ではシティプロモーションのきっかけづくりとして、民間のメディア企業と連携し、まちの魅力を発見する「豊能町魅力発掘隊」メンバーを市民から募った。

　発掘隊メンバーは、まちの魅力だと思うものを1人50個持ち寄る。複数のグループに分かれ、持ち寄った魅力を基礎にグループごとに「豊能町で幸せになれる」物語を考える。

　続いて、各グループから披露された物語から、豊能町の「空気」「雰囲気」をよく表していると考える物語を選ぶ。最も多くの支持を得たのは、「豊能町の魅力によって再生していく人の物語」であった。

　この物語は、まちにあるスポーツ施設、関西には珍しい納豆製造販売の店、訪れる人の少ない神社、イノシシを使ったグルメなどの魅力が素材となっていた。

　豊能町魅力発掘隊は、この物語に沿って、様々な魅力ポイントを巡るバスツアーを行った。

　魅力ポイントを訪れるたびに、発掘隊メンバーや同伴したパートナーたちの中から楽しげな声が上がった。1人ではなくパートナーの同伴を積極的に依頼したことも、雰囲気を和らげるのに成功している。

　あらかじめ決めていたTwitter、インスタグラムのハッシュタグ「#豊能町ディープキャラバン」を付けた写真のアップも

多くなっていく。

　メンバーのほとんどが普段登ったこともないという坂を登り、大蔵神社を見る。人のいない宗教的な空間は、日常とは異なったたたずまいがある。昼食は、レストランふるさとの白い猪（しし）うどんで、これも初めて食べたという人が少なくない。

　豊能町を生誕地とするキリシタン大名高山右近ゆかりの高山地区周辺も巡る。ローマ法王庁から福者認定されたという右近への興味も生まれるが、道すがらの様々なものにも目を引かれている人が多い。

　最後に訪れたのは、若いマスターがトロントに留学したことをきっかけに開店したという、おしゃれでおいしいカフェ「EMMA」だ。

　発掘隊メンバーやそのパートナーは、「豊能町を改めて好きになった。応援したくなった」との感想を述べていた。

　この状況を定量的に評価する（図表2-21）。

　定量化の方法はmGAP（修正地域参画総量指標）の基礎となる推奨意欲指数、参加意欲指数、感謝意欲指数を用いる。

　それぞれ、「豊能町を知人に推奨する気持ちはどの程度か」「豊能町をよりよくする活動に参加したい気持ちはどの程度か」「豊能町をよりよくするために活動している人に感謝する気持ちはどの程度か」の３つを10点から０点の中から選択する。

図表2-21 豊能町魅力発掘隊の意欲の変化

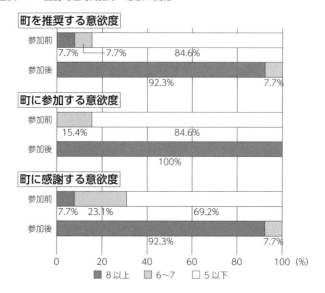

　個々人の選択結果を集計し、8点以上のポイントを付けたものの比率（パーセント）から5点以下のポイントを付けたものの比率（パーセント）を差し引くことによって、推奨意欲指数、参加意欲指数、感謝意欲指数を求める。

　まず、豊能町魅力発掘隊参加以前の推奨意欲指数、参加意欲指数、感謝意欲指数を確認する。それぞれ、マイナス77、マイナス85、マイナス62。豊能町への関心はほとんどない、参画する気などあるはずもないといってもいい数字だ。

第2章　シティプロモーションが「失敗」する

　次に、豊能町ディープキャラバンを終えた後の、推奨意欲指数、参加意欲指数、感謝意欲指数を見よう。それぞれ、プラス92・プラス100・プラス92となっている。

　衝撃的な変化だ。人の意識は変わる。まちへの当事者となることによって、まちへの参画意欲は大きく高まった。

　まちの当事者を増やし、まちを支える熱を持ったしなやかな土台を十分につくりだし、的確なデザインをしつらえることで、まちに関わる人たちの、緩やかに続く幸せを実現できる可能性は十分にある。

(6) 強い推奨者、参画者の仕事

　薄く広い市民参加ではなく、積極的かつメリハリの利いた市民参加の仕掛けにより当事者をつくりだし、まちへの強い推奨者、参画者を確保しておくことに、どのような意味があるだろうか。

　こうした、まちへの強い推奨者、参画者たちをつくりっぱなしで放っておけば何の意味もない。徐々に彼らの熱は冷め、まちへの想い・意欲は毎日の暮らしの中に埋もれる。

　まちへの強い推奨者、参画者を生かすためには、インターネットを利用したり、実際に顔を合わせることによって、ソーシャルグラフと呼ばれる人間関係の結びつきを十分につくっておくことが意味を持つ。

まちへの強い推奨者、参画者の人間関係（ソーシャルグラフ）が十分に整備され、そのやりとりが積極的になるように仕掛ける。それによって、まちそのもの、また、まちへの強い推奨者、参画者の互いへの強い濃密な共感が生まれる。

　このときに関連することばに、SIPS というものがある。SIPS とは、佐藤尚之氏が提起した行動変容モデルである。『明日のコミュニケーション「関与する生活者」に愛される方法』（アスキー新書、2011年）にも紹介されている。

　最初の S は「Sympathize」（共感する）、I は「Identify」（確認する）、P は「Participate」（参加する）、最後の S は「Share & Spread」（共有・拡散する）、それぞれの頭文字をとっている。

　まちへの強い推奨者、参画者のソーシャルグラフと SIPS はどのように関わるだろうか。ソーシャルグラフをしっかりとつくっておくことで、まちへの強い推奨者、参画者の間で SIPS（共感→確認→参加→共有・拡散）が繰り返され、ソーシャルグラフはさらに濃くなっていく。

　しかし、これだけでは、広がりのない、互いに認め合うだけの、外からの目が届きにくい繭のようなものができるだけだ。

　その上で、もうひとつの仕掛けをつくる。強いドミナント・トレンド・ギャップによる認知獲得のメディア活用である。

　十分な認知獲得ができれば、多くの人たちが、まちについて

の情報を探索して、着地点にやってくる。着地点では、SIPS により強められたソーシャルグラフによって、まちへの強い推奨者、参画者による強いお勧めが繰り返されている。

このとき、まちへの強い推奨者、参画者による強いお勧めが繰り返されていれば、認知獲得のフェイズでは「ダメなまちだ」と否定的に捉えられても構わない。「どんなにダメなんだろう」と興味を引かれ、その内容を確認しようと探索してもらえれば、むしろ成功といえる。

そうした探索は、強い推奨力を持つソーシャルグラフによる情報蓄積に着地することになる。

「どんなにダメなまちなんだろう」と思ってやってきた情報探索者は、強い推奨力を持つソーシャルグラフでやりとりされている、まちへの共感や、積極的に推奨する人たちや、大量のお勧め情報にさらされることになる。

それによって、否定的な情報の確認にやってきた探索者が、「ひどくいわれているが、実はいいところもたくさんあるまちじゃないか。むしろ応援したい」と、まちへの共感に取り込まれることが起きる。

地域への強い推奨者、参画者を確保し、しっかりとしたソーシャルグラフを整える。SIPS の考え方を利用し、まちへの強い推奨者、参画者からの「どのような幸せが実現できるまちなのか」という情報の拡散を促す。それらを着地点に蓄積する。

図表2-22　強い推奨者、参画者が実現できること

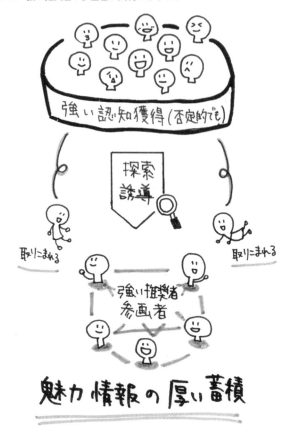

その上で、否定的に捉えられかねないものであっても、強いドミナント・トレンド・ギャップにより、高い浸透力を持つ情報内容を発信する。

これによって広い認知を獲得し、情報の探索を誘い込む。誘い込まれた探索者は、着地点に蓄積された多くの、また強い魅力情報によって、まちの「空気」「雰囲気」を意識させられることになる。

その情報探索者が、まちの「空気」「雰囲気」によって共感を獲得できる可能性を持つ人であれば、彼らの新たな共感を大きくつかむことができる（図表2-22）。

こうした仕掛けは、薄く広い市民参加だけでは失敗する。市民参加をアリバイにしてはならない。市民参加は機能しなくては意味がない。

第**3**章

この戦略なら
成功する

1. 戦略は明文化するといい

　シティプロモーションの限界（第1章）と、シティプロモーションの「失敗」（第2章）から、シティプロモーションの可能性を見てきた。

　シティプロモーションの「失敗」はなぜ起きるのか。それは、戦略発想の不在による。シティプロモーションは大事だと唱えていれば、まちに関わる人たちの、緩やかに続く幸せが達成できるわけではない。戦略発想のためには、達成すべき価値を実現するために、何を獲得する必要があるのかという目的を明らかにしなければならない。戦略発想のためには、目的を実現するために何を行う必要があるのかを明らかにしなければならない。戦略発想のためには、「なぜ、そう考えられるのか」を明らかにしなければならない。

　シティプロモーションが達成すべき価値である、まちに関わる人たちの緩やかに続く幸せを実現するために獲得すべきものは、地域参画総量の増大だ。この地域参画総量を定量的に示すためにmGAP（修正地域参画総量指標）がある。

　シティプロモーションによって地域参画総量を増大させるためには、まちの魅力、まちの「空気」「雰囲気」を語れるようにする地域魅力創造サイクルが必要である。

シティプロモーションによって地域参画総量を増大させるためには、まちに住む人たちやまちのNPO・会社、まちの外からまちに共感する人たちの意欲拡大や行動を促すメディア活用戦略モデルが必要である。

シティプロモーションによって地域参画総量を増大させるためには、まちの人たちの納得を得るための、三層構造による推進体制が必要である。

地域魅力創造サイクルによって地域を「語れるもの」とする。「語れるもの」となった地域を基礎に、メディア活用戦略モデルによって人々の気持ちや行動を変える。この地域魅力創造サイクル及びメディア活用戦略モデルを、「責任のレイヤ（層）」、「推進のレイヤ（層）」、「実験のレイヤ（層）」という三層構造によって推進する。

これが、シティプロモーションにおける戦略発想となる。

なぜ、シティプロモーションが、このまちで必要だと考えるのか、このまちでのシティプロモーションとはどのように行われる必要があるのか。そのために、このまちにはどのような資源があるのかを、自発的に思い起こし、自ら考え、その適否を「なぜ、そう考えられるのか」に基づき、まちの人たちの力で判断する。これによって戦略発想が可能になる。

地方創生という妖怪を生みだした中央政府から、「戦略をつくりなさい」といわれてつくり、その戦略が適切かどうかを

「中央政府が判断します」といわれてつくった「戦略」などは戦略ではない。自発のないところに戦略はない。

　もちろん、必要なことは戦略発想であり、「戦略」というタイトルの付いた冊子ではない。しかし、戦略を明文化する意義はある。

　戦略とは、目的と想いを「共有する」ために策定される。シティプロモーションはたった１人で行うものではない。役所、まちに住む人たちやまちのNPO・会社、まちの外からまちに共感する人たちが、それぞれにシティプロモーションに関わる。

　関わる人間が替わっていったとしても、大切にすべきことを次の人に伝えるために、戦略の明文化が求められる。

　シティプロモーションは閉じた職人芸ではない。職人は自分の仕事を語らない。「背中を見てくれ」だ。「俺の技を盗め」だ。

　しかし、シティプロモーションに役所が関わるならば、説明責任は必須となる。役所は主権者であるまちの人たちの代理人だ。代理人が主権者に「何をやっているのか」「なぜやっているのか」「どのようにやっているのか」を説明することは当然である。戦略は、何が行われているのか、何を目指しているのかを効率的に語るためのものだ。

　戦略は、策定する過程のディスカッションによる明確化・共

有化に意義がある。

野中郁次郎氏が提起したSECIモデルがある（図表3-1）。SECIモデルは知識をつくりだす過程をモデル化したものだ。SはSocialization（共同化）、EはExternalization（表出化）、CはCombination（連結化）、IはInternalization（内面化）であり、知識の共有・活用によって優れた業績を上げている企業が、どのようにして、その業績を上げたかを研究した成果である。

SECIモデルでは、暗黙知と形式知という2つの知を前提と

図表3-1　SECIモデル

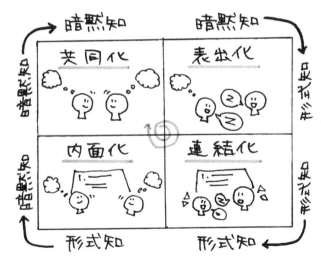

する。暗黙知とは、一人ひとりの身体や心の中にあり、外側に文字や図として表されていない知である。形式知とは、暗黙知が外側に表され、伝えられるようになった知である。

　何らかの経験をともにすることによって、文字や図を間に置かずに、一人ひとりの持っている暗黙知が別の人間に伝わることを「共同化」という。共同化された暗黙知を暗黙知のままに終わらせずに、対話や議論などにより形式知にすることを「表出化」という。表出された形式知を組み合わせて、ひとつの方向性に沿って論理的に説明できるようにすることを「連結化」という。連結化して得られた形式知に基づき行動することで形式知を一人ひとりの中に埋め込むことを「内面化」という。

　このSECIモデルに導かれて、シティプロモーション戦略を考えてみる。

　まちの力をどのように強めればいいか、それぞれに何となく考えていること（暗黙知）をまちの現場で共に実践し（共同化）、それを基礎にまちの人たちと議論してことば（形式知）にし（表出化）、そのことば（形式知）を組み合わせて、方向性に沿った「なぜシティプロモーションを行うのか」「どのようにシティプロモーションを行うのか」を説明できる戦略（形式知）にする（連結化）ということになる。このように考えることで、シティプロモーション戦略をどうつくればいいか、何が大事なのかがわかる。

第3章　この戦略なら成功する

　それでは、それぞれのまちが各々のシティプロモーション戦略を構築する際に、素材となる考え方を示していこう。

2. 目的を設定する

戦略を明文化する際には、まず目的を書く。

ここでは、シティプロモーションの目的は、地域参画総量の増大であると考える。

地域参画総量の増大が、なぜ、まちに関わる人たちの、緩やかに続く幸せをもたらすのかも明確に記載する。

地域参画総量は人口と意欲量の掛け算だ。その人口はまちに住む人たちの数と、まちの外からまちに共感する人たちの数になる。そう考えれば、地域参画総量を増やすことは、まちをよりよくしたいという想いの量を増やすことであり、まちに関わる人たちの、緩やかに続く幸せをもたらすための熱を持ったしなやかな土台をつくることになる。

地域参画総量の増大を目的とすることで、シティプロモーションは十分に意義を持つ。

改めて述べれば、第2章で説明した図表2-1の掛け算の左項である人口の維持・増加だけを目的として書くことには意味がない。

148

図表3-2　シティプロモーション戦略「目的」例

シティプロモーション戦略

1. 目的

・市民及び地域に共感する地域外ターゲットによる、地域に関わろうとする意欲を要素とする「地域参画総量」の増加を目指す。

・これによって、市民の持続的な幸福を実現する地域を、維持発展させる資源を確保する。

2. 現状分析

・……………

3. 現状分析をして結果を示す

　目的を踏まえながら現状分析を行い、その結果を戦略に書く。

　目的は地域参画総量を増やすことであるから、現在の地域参画総量を計測する必要がある。その定量化にはmGAPを用いる。

　まちに住む人たちの地域推奨意欲・地域参加意欲・地域感謝意欲を測定するには全員調査が望ましいが、難しければ、一定のサンプル調査でも何とかなる。その結果を、現状として、この項目に書く。

　もうひとつの要素、地域外に住むまちへの共感を獲得可能な人たちの地域推奨意欲の測定で困ったことが起きる。

　まちへの共感を獲得可能な人たちは誰かという問題だ。第2章「4.シティプロモーションにおけるターゲティングって何だろう」で述べたように、ここでのターゲットは「誰が欲しい」という思考によって設定されるものではない。「このまちは誰に共感される可能性を持つまちなのか」という思考によって設定される。

　まちのブランドは何かといえない段階では、「このまちは誰に共感される可能性を持つまちなのか」が述べられない。もち

ろん、「どんな人に共感してもらえるまちなのか」というブランドが既にしっかりできているなら大丈夫。しかし、そうではない場合には、シティプロモーション戦略は複数の段階で進めなくてはならない。

　最初の段階の現状分析は、まちに住む人たちの地域推奨意欲・地域参加意欲・地域感謝意欲の定量化と、まちのブランドが確立していないこと、それによって「まちへの共感を獲得可能な人たち」が決まっていないことを書くことになる。

　焦らなくていい。戦略は改定していくことによって意義を持つ。

図表3-3　シティプロモーション戦略「現状分析」例

シティプロモーション戦略

1. 目的

・…………

2. 現状分析

・地域内人口の推移
・地域内の地域推奨意欲・地域参加意欲・地域感謝意
　欲
・地域ブランドの未確立、これに伴う地域外ターゲッ
　トの未確定

4. 目的達成のための具体的施策を考える

　目的設定と現状分析の次に、目的を達成するための事業を書く。

　内容は、ブランド提起、ブランド浸透、地域内支援、庁内支援の４つに分けられる。ここでは、「どんな人に共感してもらえるまちなのか」というブランドがはっきりしていない場合にどのような書き方をするかを考える。

　そのときは、目的達成のための手段は二段階となり、最初のステージが終わったところで、戦略の改定を行うことがわかりやすい。

　改定では、改定前に提起したまちの「空気」「雰囲気」を明らかにしたブランドメッセージに応じて、まちへの共感を獲得可能な人たちが、どのような人たち・組織なのかを記述する。

　例えば、「KitaComing！北上市」のサブメッセージ「やっぱり、北上だよね。」、ボディコピー「世界中のどこよりも、あなたにいちばん愛されるまちでありたい。世界中の誰よりも、このまちで暮らすあなたと未来を歩みたい。いつまでも誇れる北上のために、もっとふるさとに溶け込もう、飛び込もう。一人ひとりの北上愛が、自慢のまちをつくる力になるから。」が提起された後であれば、「地域内に居住経験があり、都市近隣

の自然の中で、地域の人たちと語り合いながらの子育てを希望している30歳代女性」と、まちへの共感を獲得可能な人を設定することができる。

　さらに、それらのまちへの共感を獲得できる人たちについて、ウェブアンケートなどを用いたサンプル調査で、設定したまちへの共感を獲得できそうな人の数を推計する。そのうえで、それらの人の地域推奨意欲量を書く。

(1) ブランドを提起する

　「どんな人に共感してもらえるまちなのか」というブランドがはっきりしていない場合には、最初の事業として、まちのブランドを提起するための地域魅力創造サイクルをどのように回転させるかについて書く。

　発散→共有→編集までのステージによるブランド提起、ボディコピーを基礎としたブランドメッセージを構築することを、この項目に書くことになる。

　この地域魅力創造サイクルを回転させる最初の発条（バネ）としてキャッチフレーズを設定してもいい。

　名古屋市の「名古屋なんて、だいすき」の事例だ。あるいは島田市の「島田市緑茶化計画」（ブランドメッセージとしているが、本書での理解ではキャッチフレーズ）、足利市の「素通り禁止！足利」を、そのように解釈することもできる。

図表3-4　シティプロモーション戦略「事業内容（ブランド提起）」例

シティプロモーション戦略

3. 事業内容

(1) 地域ブランドの提起と地域外ターゲットの確定

・地域魅力創造サイクルを起動させるキャッチフレーズの設定

・地域魅力創造サイクル「発散」方法

・地域魅力創造サイクル「共有」方法

・地域魅力創造サイクル「編集」方法

・ブランドメッセージの提起

・ブランドメッセージに応じた地域外ターゲットの確定に伴うシティプロモーション戦略の改定

(2) 地域ブランドの浸透

・…………

地域の実情に応じ、発条としてのキャッチコピーを用いるか
どうかは異なる。現状分析において、まちに住む人たちの地域
推奨意欲や地域参加意欲が小さい場合には、そのままでは地域
の魅力の発散が不十分に終わるため、発条が有効だろう。その
ときには、キャッチフレーズを設定するための仕事について、
この項目に書く。

　発散→共有→編集までのステージによって、まちの「空気」
「雰囲気」を緩やかに示すブランドを明らかにすることで、「ど
んな人に共感してもらえるまちなのか」が見えてくる。

　前述のとおり、ブランドメッセージが提起された後に、「ま
ちへの共感を獲得可能な人たちの明確化、まちへの共感を獲得
可能な人たちについての現状分析、まちへの共感を獲得可能な
人たちの行動を促す手段」を追加で書くための戦略改定を行う
ことになる。

(2) ブランドを浸透させる

　次に、提起したブランドを浸透させることで、まちの「空
気」「雰囲気」を豊かにつくりだす取組みをどのように行うか
をこの項目に書く。

　これは地域魅力創造サイクルの「研磨」のステージに当た
る。研磨のステージは、発散・共有・編集の各ステージより
も、さらに様々な人たち・組織による取組みが大事だ。

シティプロモーション部局が直接行う、研磨のステージに当たる取組みを、この項目に書く。

取組みには、いくつかの事業が考えられる。

例えば、ブランドメッセージに応じたロゴマークをつくってみてもいい。ブランドメッセージとロゴマークを同時につくらず、ブランドメッセージに表された「空気」「雰囲気」を十分に理解してもらう取組みを行う。その上で、まちに住む人たちやまちのNPO・会社、まちの外からまちに共感する人たちとともにロゴマークをつくる。

折に触れ、ブランドに示された「空気」「雰囲気」を醸しだす情報を発信するとともに、いつでも、そうした情報を参照できる着地点としてのメディアを用意する取組みも、ここに書ける。

まちに関わる人たちに、積極的にまちの情報を発信してもらうための取組みもある。そのために、どんなメディアをつくるのかも書いたほうがいい。

このメディアは「プラットフォーム」として働く必要がある。シティプロモーションにおけるプラットフォームとは、参加すると「何かいいこと」があり、十分な信頼によって裏打ちされ、まちの「空気」「雰囲気」が緩やかに共有されているものである。

そうした場所としてのメディアを用意することで、まちに住

む人たちやまちのNPO・会社、まちの外からまちに共感する人たちが、情報を発信したくなる。ソーシャルメディアなどを使ってもいい。千葉県流山市のFacebook「moricom」は、写真とともに軟らかな表現で流山市の今を語りかけるように伝えていて参考になる。

　まちのあちこちにある情報を組み合わせて、まちの「空気」「雰囲気」を醸しだす「市民編集者」の養成・活用も、ここに書ける。まちに関わる人たちが、ブランドメッセージが示す、まちの「空気」「雰囲気」について学んだり、感じたりする機会をつくってもいい。

　そうした場は教室でなくていい。むしろ、商店で、公園で、路上で、誰かが誰かを教えるのではなく、いつのまにか気づくような仕掛けをどのようなものにするか書く。

　ブランドメッセージやロゴマークを、役所の中の様々な部局、まちに関わる人たちそれぞれの取組みに応じて利用できる仕組みも書ける。それによって、まちの「空気」「雰囲気」が見えるようになる。

　役所の中の様々な部局、まちに関わる人たちが、まちの「空気」「雰囲気」を醸しだせるような、既存及び新規の企画、学び、起業を募集することも楽しそうだ。

　それぞれの企画、学び、起業を認定し、公表する仕組みを書く。これもまた、まちの「空気」「雰囲気」をつくりだすこと

図表3-5　シティプロモーション戦略「事業内容（ブランド浸透）」例

シティプロモーション戦略

3. 事業内容

（1）　地域ブランドの提起と地域外ターゲットの確定

・…………

（2）　**地域ブランドの浸透**

・ブランドメッセージの普及・活用

・ロゴマークの作成・活用

・プラットフォームメディアの構築

・ブランドを学ぶ場の設定

ができるだろう。

　さらに、まちの「空気」「雰囲気」を基礎としたどのような人のどのような暮らしがまちにしっくりくるのかを明らかにしたブランドブックをつくることも考えられる。那須塩原市が作成した市内で働く人たちの様子を示す『WORKING STYLE IN NASU-SHIOBARA』、子育て中の父母を対象とした絵本『たくちゃん〜ママになったあなたへ〜』、転入者向けの『はじめまして。』が参考になるだろう。また、ウェブサイトでは尼崎市の『尼ノ民』というウェブページが尼崎に住む人たちのことばを基に尼崎のブランドを示すメディアになっている。

(3) まちの中を支援する

　ここには、地域参画総量を直接増加させるための、まちの中を支援する取組みをどのように行うかを書く。

　ブランドの提起及びブランドの浸透の取組みも、間接的に地域参画総量の増加には役立つ。ブランドの提起及びブランドの浸透の取組みによる地域参画総量の増加は、人口と意欲量の掛け算によって計算される地域参画総量の、右項にある意欲（推奨意欲、参加意欲、感謝意欲）の増加だけが要素となる（図表2-1参照）。

　一方で、この項目に書く取組みは、左項の人口（定住人口及び地域外ターゲット人口）と右項の意欲の両方に働きかけるも

のになる。

　ただし、単なるサービス訴求により、まちに住む人の数を増やそうとするわけではない。また、計算上、いたずらに、まちへの共感を獲得可能な人たちの数を大きくしても意味がない。そのようにして左項の人口を増やしても、増えた人口に対して十分な共感の形成ができなければ、右項にある意欲量がかえって下がることになり、結果的に地域参画総量は減少してしまう。

　一方で、左項に書かれた定住人口及び地域外ターゲット人口である「まちに住む人の数＋まちへの共感を獲得可能な人の数」が大きく減れば、右項の意欲量を高めても地域参画総量は、やはり減少する。

　そのため、まちの「空気」「雰囲気」への共感をつくりつつ、まちに住む人の数を確保する。また、現状で地域推奨量を最も大きくできるだけの、まちへの共感を獲得できる人たちを設定し、彼らの共感を実際に得ていくとともに、まちへの共感を獲得可能な人たちを徐々に拡大する取組みも求められる。

　その上で、注意しなければならないことがある。この項目に書くことは「どのように支援するのか」ということだ。

　実際に、左項の人口と右項の意欲に働きかける取組みは、直接にはまちに住む人たちやまちのNPO・会社、まちの外からまちに共感する人たちが行う。この項目に書くのは、まちに関

わる人たちが、mGAPをそれぞれに増加させるための支援の方法だ。

　前記「(2)　ブランドを浸透させる」の項目で、まちの「空気」「雰囲気」を醸成する既存及び新規の企画、学び、起業を認定する取組みを書いてもいいと述べた。その認定事業に、さらに広報支援や必要に応じた財政支援を行う。その際の支援条件として、その取組みによってmGAPを高められる人たちの設定をしてもらう。また、mGAPの計測及びmGAPが増加したことの確認をお願いする。

　これによって、まちに関わる人たちの、それぞれの企画、学び、起業によって、自発的にmGAPを高める工夫を促す。

　例えば、まち美化の団体は、美化活動の参加者及び周辺に住む人たちを、mGAPを高められる人たちとして設定できる。広報支援や財政支援がインセンティブとなれば、ただ清掃をするにとどまらず、どうしたら、まちの推奨意欲、参加意欲、感謝意欲、参加者や関心を持つ人を今よりも増やせるかを考えるようになる。

　例えば、ある地域に立地する会社が、mGAPを高める対象として、新入社員を設定することが考えられる。会社が新入社員にそのまちに住むことを奨励し、住むだけではなく推奨意欲、参加意欲、感謝意欲を高める工夫を行えば、その会社の取組みを積極的で素晴らしい取組みとして、役所から広報する制

図表3-6　シティプロモーション戦略「事業内容（地域内支援）」例

シティプロモーション戦略

3. 事業内容

(1)　地域ブランドの提起と地域外ターゲットの確定

・…………

(2)　地域ブランドの浸透

・…………

(3)　地域内支援による地域参画総量の増加

・対象事業の認定

・広報支援の方法

・財政支援の条件と方法

・メディア構築・活用

度をつくることもできる。

　これらの取組みは、まちに関わる人たちが、それぞれの企画、学び、起業によって、自発的に mGAP を高めることにつながる。これらが集まることで、まちを支える熱を持ったしなやかな土台は厚くなっていく。

　こうした mGAP 計測・向上を条件とした広報支援及び財政支援制度の運営方法に加え、まちに関わる人たちからの mGAP 向上手法についての相談への対応や、メディア構築などの支援を行うことを書くことができる。

　しかし、制度はつくれば機能するわけではない。この制度を積極的に利用したいと思ってもらうためには、やはりメディア活用戦略モデルに基づく取組みが必要だ。

　まちに関わる人たちにどんな制度を求めているかを聞く。新しい制度を認知してもらうためには、どのようなドミナント・トレンド・ギャップを含んだ情報を発信するのかを考える。まちに関わる人たちそれぞれの関心を引き起こすためにはどうすればいいかを検討する。どのようにして探索を誘導し、着地点に降り立ってもらうかを想定する。着地点で制度への信頼と、シティプロモーションやまちの「空気」「雰囲気」への共感を形成するためにはどうするかを分析する。さらに、広報支援や財政支援の制度を利用してみて、どう思ったかを発信してもらう手立てを考案する。

その考察の結果として、広報・財政支援制度の内容と利用してもらう方法を、この項目に書くことになる。

(4) 役所の中を支援する

ここには、ブランドの提起、浸透、地域内支援に続く目的達成のための３つ目の取組みとして、役所内の様々な部局への支援により、地域参画総量を増やすための取組みを書く。

ここでも、シティプロモーション部局が行うことは支援になる。

考え方としては「(3) まちの中を支援する」と同じだが、役所内では「まちの中」以上に、支援と実務が混乱しやすいことに心がけよう。そのためにも、戦略への的確な記述により支援と実務を区分する。

首長と連携しながら、十分なインセンティブ（おいしいこと）を設けて、mGAP による目標を各部局が自発的に設けるように促す。始めのうちは取り組みやすい事業だけでいい。

例えば、道路建設部局は、道路建設により mGAP を高められる人たちとして、建設区間の沿線住民を設定できる。建設期間の前後で沿線住民数が変わらなければ、沿線住民の地域推奨意欲・地域参加意欲・地域感謝意欲を高めれば、mGAP を増加させられる。

あるいは、住宅建設部局は、住宅建設により mGAP を高め

られる人たちとして、新たな住宅入居者を設定できる。入居者の一部が地域外からの転入者なら、定住人口及び地域外ターゲット人口である左項の人数は自然に増加する。そのため、入居の前後で、入居者の地域推奨意欲・地域参加意欲・地域感謝意欲を維持できれば目標は達成される。

　窓口業務担当は窓口来訪者を、あるいはより限定して、婚姻届と出生届の提出者をmGAPを高められる人として設定してもよい。提出者が漸減するなら、それ以上に提出者の地域推奨意欲・地域参加意欲・地域感謝意欲を増加させる工夫が求められる。

　庁内の目標達成を目指そうという気持ちを高めるために、シティプロモーション部局と事業部局の間でのインターナル（庁内）コミュニケーションも必要になる。

　インターナルコミュニケーションも基本的には、メディア活用戦略モデル（傾聴→認知獲得→関心惹起→探索誘導→着地点整備→行動促進→情報共有支援）に基づいて行う。

　シティプロモーション部局が独りよがりに取組みを進めないために、まずアンケートなどで「傾聴」を行う。庁内にもシティプロモーションモニターを置いて日常的な「傾聴」を行ってもいい。

　首長のことばも添え、どのようにシティプロモーションを進めていくかを、庁内報などで「認知獲得」することも重要だ。

イントラネットのような「待っている」プルメディアではなく、紙媒体などの「やってくる」プッシュメディアを使う。これも1回限りではなく、折に触れ発行できればいい。さらに、積極的に職員が登場すれば、より「認知獲得」につながる。この事例として東京都足立区の職員向けシティプロモーション情報誌『足立食堂』が参考になるだろう。

「関心惹起」のためには、役所内の様々な部局ごとに、それぞれの関心に応じた切り口で情報を提供する。シティプロモーションによる、地域参画総量の増加が、どのように仕事に好影響を与えるかなどは、関心惹起につながりやすい。シティプロモーション部局への来訪や、シティプロモーション部局の庁内イントラネット、ウェブサイトで詳しい情報を見てもらう仕掛けをつくる。イントラネットに掲載される情報は「着地点整備」になる。シティプロモーション戦略をどう進めるかをわかりやすく書いた内容は信頼ある情報となる。それに加えて、役所の中の様々な部局の職員、まちに関わる人たちの声があれば、共感を形成するのにも役立つだろう。

「行動促進」では、先に述べた役所内の様々な部局ごとの自発的なmGAP指標の設定、それに伴うシティプロモーション部局への支援申し入れを促すインセンティブをどうつくるかが重要になる。これはトップやシティプロモーション部局が公式・非公式に褒めたり、感謝したりすることが意味を持つ。

これに加えて、庁内横断的なシティプロモーション推進チームへの自発的参加を促す仕組みも考えられる。栃木県那須塩原市のSPAC（若手職員による定住促進実行部隊）が参考となる。SPACは、庁内の意欲ある職員がシティプロモーションやシティプロモーションによってつくられた熱を持ったしなやかな土台を活用して、どのようにまちを元気にできるかを議論する。そして、議論や意見提言に終わらずに実際に行動する。自らが所属する部局の専門性を活用したり、自分自身の専門性を活用することもある。

　そして、役所の中の様々な部局から、シティプロモーションに関わる情報提供を積極的に促す「情報共有支援」も大事になる。提供された情報は、庁内報やイントラネット、さらに当該部局から了解が得られればウェブサイトでどんどん使うことによって、提供意欲を高められる。

　以上のように、この項目には、ここまで述べた役所内の様々な部局による、目標設定及び計測評価の方法、インセンティブをどうつくるか、インターナルコミュニケーションの方法を書くことになる。

　役所内の様々な部局によって異なるmGAPを高める対象やその方法は、各事業部局の創意工夫に委ねればいい。

第3章　この戦略なら成功する

図表3-7　シティプロモーション戦略「事業内容（行政内支援）」例

シティプロモーション戦略

3. 事業内容
(1)　地域ブランドの提起と地域外ターゲットの確定
　・…………

(2)　地域ブランドの浸透
　・…………

(3)　地域内支援による地域参画総量の増加
　・…………

(4)　行政活動による地域参画総量増加
・部局目標設定及び評価の支援
・インセンティブ設定
・メディア活用戦略モデルを基礎としたインターナル
　コミュニケーション

5. 推進するための体制は

シティプロモーション戦略を推進する体制をこの項目に書く。

戦略推進体制は三層構造になる。「責任のレイヤ（層）」、「推進のレイヤ（層）」、「実験のレイヤ（層）」である（図表3-8）。

責任レイヤはトップを含めた責任をとる組織、推進レイヤはシティプロモーション担当とまちに関わる人たち、有志による実行組織、実験レイヤはとにかく楽しそうなことをそれぞれの責任で実験的に行う人たちだ。責任レイヤは、報告を受け、決定を行い、最終的な責任をとる。シティプロモーションが民主主義的な正統性を確保するためにも必須となる。

推進レイヤは、ブランドの提起、ブランドの浸透を共創エンジンを基礎に行って地域参画総量を高める。併せて、まちに関わる人たちや、役所内の様々な部局が行う地域参画総量を直接に増やす取組みを支援する。責任レイヤのサポートを行い、的確な判断ができるような準備も行う。また、実験レイヤの動向に常に目配りし、まちの「空気」「雰囲気」をつくりだす、地域参画総量を増大させる、新たな取組みを発見するように努める。さらに戦略評価の役割もこのレイヤが担う。

実験レイヤは、組織としては位置づけなくてもいい。まちに住む意欲ある人たちを、学生などを含め、シティプロモーショ

図表3-8 戦略推進体制三層構造

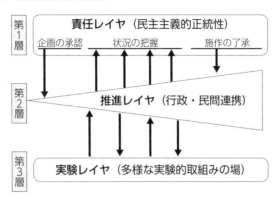

ン・トライアル・パーソン（チーム）として承認するにとどまる。

　まちに住む意欲ある人や学生たちは、シティプロモーションに関わると考える様々な実験的な取組みを、それぞれの責任で行う。推進レイヤは、こうした実験レイヤの取組みから新たな発想が生まれてくることを期待し、見守り、奨励する。

　この３つのレイヤの間で人や情報が行き交うような仕組みとする。これによって、的確に、かつ、一つひとつの振る舞いからは予測できないような、次々と伝わっていく形で、シティプロモーションが推進されていく。

　それぞれのメンバー構成や組織方法、具体的な活動のあり方、またレイヤ間の交流の手法などは、それぞれのまちの様子によって、都合よく進められるように書くことが望ましい。

図表3-9　シティプロモーション戦略「推進体制」例

シティプロモーション戦略

4. 推進体制
- 責任レイヤとなる体制整備
- 推進レイヤとしての民間・行政連携
- 実験レイヤとなる多様な取組みとの連携
- 各レイヤ間の関係の明確化

5. 評価手法
- ‥‥‥‥‥

第3章　この戦略なら成功する

6. 評価をしなければ戦略ではない

　戦略を十分に働かせるために、評価方法をしっかりと書く。

　シティプロモーション戦略における評価は、地域参画総量が増えているかを確認すればいい。地域参画総量の定量化にはmGAPを用いる。mGAPは人口と意欲量を掛け算することによって求められる。意欲は、まちに住む人たちについては地域推奨意欲・地域参加意欲・地域感謝意欲の３つであり、まちの外に住む、まちへの共感を獲得可能な人たちについては地域推奨意欲のひとつだけである。

　意欲量の計算方法について改めて確認しておこう。意欲量は、フレデリック・F・ライクヘルドというマーケティング実務者の提案したネット・プロモーター・スコア（NPS）を参考に計算する。各意欲の程度が10から０のうち、どの程度かについての回答を得る。10から８の比率をプラス、５から０の比率をマイナスとし、差し引きの結果であるプラス100からマイナス100までの数字が意欲量となる。

　その上で、まちに住む人たちへのアンケートや、地域外へのウェブアンケートにより、戦略に書かれた手段によって、地域参画総量が増えているかを確認する。

　図表2-1を参照しながら確認すると、右項の意欲量だけでは

173

なく、左項の人口も確認する。まちに住む人たちの数は住民基本台帳で確認できる。まちの外に住む、まちへの共感を獲得可能と設定した人たちの数はウェブアンケートのサンプル数に対する比率から推測できる。

　地域参画総量が増えていないときには、具体的な取組みに不十分さはないか、まちへの共感を獲得可能とした設定が不適切ではないかを検討する。「誰に共感されるまちなのか」を示すはずの地域のブランドイメージが、実際には十分に共感を得ていないことが確認できれば、検討の上、ブランドメッセージの見直しに向けた取組みも考える。

　こうした全体的な評価は、予算的にもスケジュール的にも年に1回程度になるだろう。

　しかし、迅速にPDCAサイクルを回し、タイミングよく仕事をするためには、これだけの評価では足りない。また、1年に1回行う評価のタイミングによっては、その直前にアンケート対象者の意欲を失わせるような事件があったなど、偶然に特異時点での計測となってしまうことも考えられる。

　そうした危惧を避けるために、シティプロモーションモニターを置くのもいい。数百人程度のモニターを設定し、例月で、地域内のモニターには3問、地域外のモニターには1問だけの質問を行う。

　モニターは対象者全体からでは偏った回答になるおそれも大

きく、地域外ターゲットについては図表2-1の左項に当たる人口の推測もできないが、トレンドとしての状況が把握できることは有効だ。

勾配は、緩やかであったとしても右肩上がりなのか、右肩下がりなのか、あるいは上昇も下降もしていないのかによって、どのように取組みをすればいいかが気づける。

また、一定のトレンドの中で、ある月だけ特異に高い、あるいは低いという数値になったときは、その特異点の前に何があったのかを調べることで、今後の取組みをどうしたらいいか考えられる。

この項目には、地域参画総量を評価のための基準とし、その定量化にmGAPを用いることとともに、その計測をどのような方法で行うか、その計測結果をどのように活用するかを書く。

以上のように、シティプロモーション戦略には、①目的、②現状分析、③目的達成のための事業内容、④推進体制、⑤評価手法を、それぞれわかりやすく書けばいい。

図表3-10　シティプロモーション戦略「評価手法」例

シティプロモーション戦略

4. 推進体制

・・・・・・・・・・・・・

5. 評価手法

・修正地域参画総量指標（mGAP）の説明

・全数調査及び地域外ターゲット調査の方法

・シティプロモーション・モニターの活用

7. 那須塩原市シティプロモーション指針は 見本に使える

戦略策定のとてもよい事例として「那須塩原市シティプロモーション指針」がある。

那須塩原市シティプロモーション指針は極めて短いものだ。しかし、学びの多い、とても高い到達点を持っている。シティプロモーションを、「資源を活用する」仕組みと考えるよりも、まちを豊かにするための「資源を増やす」仕組みとして考えている。

那須塩原市シティプロモーション指針は、那須塩原市第2次総合計画（総合計画）、那須塩原市まち・ひと・しごと創生総合戦略（総合戦略）との関係も明確に書かれている。

「那須塩原市第2次総合計画で掲げた市の将来像を実現するため、シティプロモーションを推進する」「本指針を広く周知することにより、本市の魅力やブランドメッセージを効果的に訴求し、『那須塩原市まち・ひと・しごと創生総合戦略』に掲げた『人口減少克服と地方創生』に取り組」む。

こうした、戦略間構造やシティプロモーション指針のポジションを明らかにすることで、シティプロモーション指針をどのように読めばいいのかが理解しやすくなる。また、首長を含めた幹部を構成メンバーとする責任レイヤの判断も行いやすく

なる。

　一方で、総合計画・総合戦略をシティプロモーション指針に枠をはめるものという考えにもなっていない。シティプロモーション指針によって総合計画・総合戦略を読み直し、シティプロモーション指針が総合計画・総合戦略の基礎をつくるポジションにあるという方向性を示している。この点も重要だ。

　那須塩原市シティプロモーション指針は、ブランドメッセージをどう把握するかという点でも興味深い。

　那須塩原市シティプロモーション指針では、市民・役所の連携によって提起されたブランドメッセージを、シティプロモーションの「要」として位置づけ、常に磨き上げを行うとする。ブランドメッセージそのものが大事なのではない。ブランドメッセージをつくる過程や、ブランドメッセージに基づくシティプロモーション事業による、まちの「空気」「雰囲気」を醸しだしていくことが大事なのだと指摘している。

　那須塩原市シティプロモーション指針は、まちに住む人たちの、まちへの推奨意欲、参加意欲、感謝意欲を増やしていこうと、明確に述べている。それらの意欲を用いるに当たって、他のまちとの比較ではなく、那須塩原市の現在との比較で、シティプロモーションの進捗を評価しようとしている。

　那須塩原市シティプロモーション指針は、わかりやすさにも心を砕いている。

WHY「何のためにやるのでしょうか？」、WHO「誰が、どういう体制でやるのでしょうか？」、WHERE「誰に対してやるのでしょうか？」、HOW「どのような方法・解決策によりやるのでしょうか？」、WHAT「何を目指すのでしょうか？」、WHEN「どのような順序でやるのでしょうか？」。

このような表現を用いることで、まちに住む人たちやまちのNPO・会社、まちの外からまちに共感する人たちとともに進もうとする柔らかさを表している。

その中で、WHEN「どのような順序でやるのでしょうか？」という項目では、知ってもらう・情報に関心を持ってもらう・情報を自分のものにしようと探してもらう・探した情報によって「理解」や「納得」を得てもらう・具体的な行動につないでもらう、という形で、メディア活用戦略モデルをわかりやすく説明し、それぞれの段階で何を行うかを説明している。

那須塩原市シティプロモーション指針は、推進体制も的確に整備している。地域で活動する団体の代表等で組織される「那須塩原市シティプロモーション懇談会」が、シティプロモーション指針の進捗管理及び推進方策の検討を行う。

役所とNPOのパートナーシップ協定に基づく「那須塩原市シティプロモーション連携会議」が、シティプロモーション活動を担う多様な主体の掘り起こしやネットワークの構築を行う。

シティプロモーション活動に参画する多様な主体及びそうした主体からなる「那須塩原市サポーターズクラブ」が、シティプロモーションの実質的な主体として、地域参画意欲の向上を実現する。

この三層構造は、先に述べた素材となる考え方よりも、さらに役所を支援に重点を置いた役割としている。これは、那須塩原市がシティプロモーション指針策定以前にブランドメッセージを提起していたことによる。そのブランドメッセージづくりの中で、シティプロモーションに向けた、まちに住む人たちやまちのNPO・会社、まちの外からまちに共感する人たちの確かな成長を確認しているためだろう。

このように、それぞれの地域の特性によって、各々の戦略は重なりながらズレを含む。それが当然だ。

最後に、那須塩原市シティプロモーション指針では、具体的な活動については、役所の中の様々な部局との連携によりアクションプランを改めて策定すると記述している。このことは、シティプロモーションがシティプロモーション部局の仕事ではなく、役所の中の様々な部局との連携に基づく仕事であることを明らかに示しているものとして評価したい。

第4章

国の外から
見えるもの

1. ポートランド

　この章では、ここまで述べてきたことを、国外の興味深い事例から見直してみよう。

　アメリカ合衆国オレゴン州にある都市ポートランドは、全米一住みやすい都市といわれている。また、コンパクトで人と環境にとことんやさしいまちとの紹介もある。

　筆者は、2016年11月にポートランドを訪ねた。そのときの印象や行政担当者との意見交換から得られたことを基礎に、ポートランドの取組みが、シティプロモーションにとってどのような学びになるかを確認する。

(1) 大きな絵と個人の絵

　上に書いたように、ポートランドは人気のまちだ。しかし、当然ながら、美しき楽園ではない。まちの美しさもよく紹介されているが、歩きタバコはそこそこ目立つし、街路によってはホームレスになっている人たちも少なくない。

　また、急激な人口増と開発により、もともと住んでいた人たちには不満も多い。裕福な人たちからは、静かな落ち着いたまちとしてのポートランドに住んでいたつもりなのに、近年の「騒がしさ」は気に入らないという意見もある。一方で、比較

第4章 国の外から見えるもの

的に所得の低い人たちには、都市開発により家賃が高騰していることへの大きな不安がある。

　ポートランド市都市計画・持続可能性対策局のサラ・ウィットさんは、現在のポートランドは「クライシス」な状況だと述べていた。ここでのクライシスには「危機」と「岐路」の2つの意味が込められているだろう。

　では、ポートランドはどのような路を歩むのだろうか。そのことを議論したときにおもしろいやりとりがあった。

　ビッグ・ピクチャ（大きな絵）とパーソナル・ピクチャ（個人の絵）の話だ。これはすなわち、大きな絵としてのポートランドの物語を、ポートランドに住む、関わる人たちそれぞれの個人の絵、小さな物語とどのように関わらせるのかということだ。

　ウィットさんは、大きな絵と個人の絵をつなぐものは、「ストラクチャ（構造）」と「ストーリーテリング（物語）」だといった。

　どのような意味なのか。それはシティプロモーションに関わることなのか。

　このことに関連して、ポートランド市住民参加局のポール・ライストナーさんから聞いた話を思い出す。ライストナーさんは、もともと市民運動家としてまちで活動していた人だ。それが少しずつ活動を広げ、今は市の職員として、コミュニティと

183

ポートランド市都市計画・持続可能性対策局

市役所をつないでいる。中でも興味深いことは、コミュニティに対する教育・相談対応だけではなく、市職員に対する教育・相談にも対応していることだ。

そうした滲(にじ)み、重なりによって、ポートランド市住民参加局及びライストナーさん自身が、まちに住む人、役所で働く人双方からの相談を受け、課題解決の契機を提案するナレッジセンター、リソースセンターとしての役割を担っている。

ここに、ストラクチャ(構造)がある。ビッグ・ピクチャ(大きな絵)とパーソナル・ピクチャ(個人の絵)の滲み、重

なりをつくる場所・構造を、法規によって裏打ちすること。一方にだけ開かれているのではない、双方に開かれた場所・構造をつくること。

まちに住む人とまちを構想する人の間に立ち、折に触れ、双方の絵を重ねて、そのときそのときの設（しつら）えをする。

シティプロモーションの視点から読み込めば、推進体制の三層構造になる。実験のレイヤと責任のレイヤをつなぐ推進のレイヤだ（第3章「5.推進するための体制は」参照）。

まちに住み、まちを楽しもうとし、まちを元気にしようとする人たちそれぞれの様々な絵を、まちを構想し、まちを経営しようとする人たちの大きな絵に重ねる、シティプロモーションという発想である。そう考えるなら、シティプロモーションは、その場その場で繕い繕い、少しずつ進めていくものなのだろう。

シティプロモーションの核となる、このまちの「空気」「雰囲気」を示し、「誰に共感されるまちなのか」を示すブランドメッセージも、すべすべとした完全無欠な球形ではなく、いくらでも指をかけられる歪（いびつ）なもののほうがいいことになる。

実験のレイヤに常に耳を澄まし、個人の絵に常に目配りする「構造」「仕組み」があることで、シティプロモーションは、人とまちを重ねることができる。ブランドメッセージを常に読み

直し、このまちが、どのような人を幸せにできるまちになれるのかを常に考えることができる。

　ストーリーテリング（物語）も似たような働きをする。ビッグ・ピクチャ（大きな絵）を語る物語では、まちの進む方向をブランドメッセージによって常に見える化しようとする。それがどのような歴史的な成り立ちや未来に向けた可能性を持ち、民主主義的に選ばれたトップの発想に裏打ちされているかを示す。

　ビッグ・ピクチャ（大きな絵）を語るためには、まちに生きる一人ひとりのパーソナル・ピクチャ（個人の絵）に基づく小さな物語をできる限り聞き取り、ブランドメッセージに示される大きな物語の中に、丁寧に位置づけることが求められる。

　シティプロモーションにおいて、まちを語れるようにする地域魅力創造サイクルとは、そのようにして、大小の物語がいきいきとつながれた豊かな物語をつくろうとするものだ。

　シティプロモーションにおいて、まちを語るブランドブックには、パーソナル・ピクチャ（個人の絵）に基づく小さな物語があふれ、そうした小さな物語が、いつのまにか、まちの「空気」「雰囲気」を示し、「誰に共感されるまちなのか」を表すものであってほしい。ビッグ・ピクチャ（大きな絵）は、まちに関わる人たちがパーソナル・ピクチャ（個人の絵）を語るための、役に立つ背景であってほしい。

第4章　国の外から見えるもの

　そのためには、シティプロモーションが描くビッグ・ピクチャ（大きな絵）に沿いつつ暮らそうとする一人ひとりのライフスタイルが支えられなければならない。ビッグ・ピクチャ（大きな絵）に関わりながら実現しようとする一つひとつの新たな取組みが支えられなければならない。

　それをどのように行うか。既に述べたとおりだ。

(2) まちの空気を見えるように

　都市計画コンサルタントで、現在はポートランド市開発局に勤める山崎満広さんと、今回通訳を務めてくれた堀川直子さんとともに議論した。

　2人ともポートランドが好きだという。優れた公共交通機関、環境への配慮の意識、地産地消を可能とする取組み、小さな事業を起業しやすい環境、手の届く規模感などなど、様々な点に好きなところがある。

　知らず知らずのうちに、紙コップを使いたくない自分がいる。少しぐらい高価でも地元のものを購入したいと思う。壊れても買い替えるのではなく、当たり前のように部品を買ってきて直す。直すためのパーツショップも充実し、直し方も屈託なく教えてくれる。山崎さんはそんなことを話した。

　それらをまとめるなら、実はポートランドのアトモスフィア（「空気」「雰囲気」）というものが、ある一定の人を引きつける

187

ということだろう。

　山崎さんや堀川さんは、ポートランドに来てしばらくして、ここのアトモスフィアが自分たちに合うと感じたという。

　2人との話はアトモスフィアを中心に弾んだ。まちのアトモスフィアは、地理的条件や気候などにもよるが、長く続く支配層やまちのエリートがつくってきた部分もある。一方で、可能性としての支配層の排除、変化も存在するのが民主主義だ。ポートランドが挫折から立ち直ってきたこと、それを受容、展開してきた人たちがいること、そうした「物語」が、ポートランドのアトモスフィアに関わっていると思う。

　ポートランドのあるオレゴン州全体が似た印象だが、同じオレゴン州のセーラムのようなまちは都市的な部分は少ない。「おそらくセーラムでは自分はしっくりこないのではないか。ポートランドには『私にとってのちょうどよさ』がある」と山崎さんは語っていた。

　山崎さんはテキサスに住んでいたことがある。いい車が大事なまちだ。山崎さんにとっては、テキサスのアトモスフィアにはしっくりこないところがあった。しかし、テキサスが住みやすい人もいるだろうし、セーラムが住みやすい人もいるはずだ。

　確かに、ポートランドは変化のさなかにある。しかし、アトモスフィアの変化は感じていない。サスティナブルなポートラ

ンドという意識がある。

　ポートランドを訪れるまで筆者は、まちの優位性というものを中心にシティプロモーションを考えていた。それをまちの「空気」「雰囲気」ということから考えるようになるきっかけとなった意見交換だった。

　それぞれのまちは、そのまちの空気を呼吸することがしっくりくる人にとって、かけがえのないものになる。

　人によって呼吸しやすい空気は異なる。テキサスの空気、ニューヨークの空気、セーラムの空気と、ポートランドの空気は明らかに異なる。テキサスの空気を好む人も、ニューヨークの空気を好む人も、セーラムの空気を好む人もいる。

　そこに住み、その空気を呼吸することがしっくりくる人たちが住み続ける。それによって、今度は住み続ける人が空気をつくる。そのように生みだされた「空気」「雰囲気」は、そう簡単には変わらないものなのだろう。その「空気」「雰囲気」とは、ブランドメッセージそのものでもなく、一つひとつの魅力の羅列でもない。

　しかし、その「空気」「雰囲気」を語り、「空気」「雰囲気」を生みだしたものを改めて意識するために、ブランドメッセージがあるのも悪くない。まちの「空気」「雰囲気」をことばにするブランドメッセージを提起し、ブランドメッセージに基づく、暮らし・学び・働き・気づきを支援する。それによって、

ブランドメッセージがまちに少しずつ埋め込まれる。それが再び、まちの「空気」「雰囲気」を確かなものとして生みだしていく。

　そうなれば、シティプロモーションはおもしろい仕事になるはずだ。

第4章 国の外から見えるもの

2. ニューカッスル・アポン・タインとゲーツヘッド

　ニューカッスル・アポン・タインとゲーツヘッドは、イギリスのイングランド北部にある2つの都市であり、タイン川を挟んで隣り合っている。

　筆者はこの2つの都市についても2017年3月に訪問している。2つの都市が連携して行っている取組みもまた、シティプロモーションを考える上で大きな意義を持つ。

(1) エンジェルエフェクト

　イギリス・イングランド北部タイン川を挟んだ2つの都市、ニューカッスル・アポン・タインとゲーツヘッド。2つの都市はそれぞれの市長がいる別々のまちだが、強い連携のもとに長い時間を過ごしている。

　NGI（Newcastle Gateshead Initiative）という組織は、ニューカッスル・アポン・タインとゲーツヘッドをひとつのまちとし、人々がこのまちを訪問し、生活し、学習し、働き、投資するように促すことをミッションとしている。

　そして、このまちには巨大で「無駄」なものがある。それは、エンジェル・オブ・ザ・ノースという。

　エンジェル・オブ・ザ・ノースは、ゲーツヘッド郊外にある

191

エンジェル・オブ・ザ・ノース

鋼鉄製の彫刻作品だ。現代美術家であるアントニー・ゴームリーの作品で、1998年に建てられている。

　高さは20メートル、そして広げた翼の長さは54メートルに及ぶ。自動車が行き交う幹線道路沿いに立つ。周囲には観客席のないサッカー場のほかに目立つものもない。

　話を聞いたNGIエグゼクティブ・ディレクターのキャロル・ベイルさんによれば、100万ポンドをかけたエンジェル・オブ・ザ・ノース建設にはありとあらゆるところから批判があったという。そんなものを建てる金があるのなら、使い道はいくらでもあると。

　ベイルさんは、エンジェル・オブ・ザ・ノースはもちろん「無駄」ではないという。エンジェル・オブ・ザ・ノースは、

第 4 章　国の外から見えるもの

文化がニューカッスル・アポン・タインとゲーツヘッドの 2 つ
の都市に及ぼす力を示しているという。それを象徴的に「エン
ジェル・エフェクト」と述べている。端的な、そして興味深い
表現だ。

　エンジェル・オブ・ザ・ノースは、2 つの都市の「空気」
「雰囲気」を変えていく、あるいは明らかにしていく引き金に
なった。

　2 つの都市は、炭鉱を基礎に発展してきた。そのまちが滑り
落ちるように斜陽していく時代の中で、エンジェル・オブ・
ザ・ノースは建てられた。

　2 つの都市の間を流れるタイン川には、いくつもの橋が架
かっている。1849年に開通したハイレベルブリッジは、高さ40
メートルの橋脚を持つ。1870年代に建設されたスイングブリッ
ジは、大きな船が通るときには旋回する。1906年には列車が上
と下の 2 つのレベルで前後に通ることのできるキングエドワー
ド橋が開通した。当時は世界最大だったアーチ橋タイン・ブ
リッジは、1920年代の建設だ。クイーンエリザベス 2 世橋は、
メトロ専用橋として1987年に建てられている。これらの橋はす
ぐ近くに渡されていて、歩いて回ることさえできる。

　こうした有用性のある建築物に比べ、やはりエンジェル・オ
ブ・ザ・ノースは「無駄」に思われる。もともとの観光地に建
てられたものでさえない。

193

ミレニアム・ブリッジ

　しかし、この「無駄」がまちに議論を呼び、その確執を乗り越える中で2つの都市の独自性をエンジェル・オブ・ザ・ノースによって象徴し、市民のまちへの気づきや想い・意欲を生みだした。

　エンジェル・オブ・ザ・ノースは外からの注目と評判を呼び起こし、まちに関わる人たちは外からの評価によって自分を鼓舞した。

　それをベイルさんは「コンフィデンス(信頼・自信)」「アスピレーション(野心)」ということばで表現する。2つの都市を走る路線バスにもエンジェル・オブ・ザ・ノースをモチーフとしたデザインが描かれていた。

　2001年、タイン川には新しい橋が建設された。ミレニアム・

第4章 国の外から見えるもの

ブリッジという。この橋は川を通行する船があるとき、アーチ橋全体が横倒しになり、船の通行を可能とする、極めて特異な動きをする。その姿はまるで目を閉じるように見えるため、ウインク・ブリッジとも呼ばれる。一般の可動橋に比べ高額の建設費となるのも当然だ。これもエンジェル・エフェクトとして語ることができるだろう。

その後、選挙によるトップの交代があった。新たな政権担当グループからは文化予算の徹底的な削減が提案された。その中で、まちに関わる人たちは、自分たちの寄付や、イベントなどの有料化の承認により、貧富の差なく文化活動を維持発展させていったという。

エンジェル・エフェクトは、まちに関わる人たちを単なるお客さんのままにせず、参画する人とすることにも成功した。

まちを語れるものにすることの意義がここにある。

日本のシティプロモーションは、市民にコンフィデンス、アスピレーションを生みだしているだろうか。

(2) まちを語る仕掛け

確かに「語れるもの」を持つことにより、そのまちに関わる人たちのコンフィデンス、アスピレーションは高まり、まちの推奨意欲や参画への想いは高まるだろう。

しかし、ゴームリー作のエンジェル・オブ・ザ・ノースとい

うひとつの作品だけで、2つの都市は変わり得たのか。

　ベイルさんは、まちに住む人たちへの文化という力の強さを語ったが、2つの都市には、世界的な名画が豊富にあるような充実したコレクションを持つ美術館はない。

　そうした2つの都市で、まちに関わる人たちが「文化」を語り得るのだろうか。

　そこには多くの仕掛けが用意されていた。

　ゲーツヘッドのセイジ・ゲーツヘッドという公共ホールは、単なる舞台の集まりではない。広いロビーには様々な情報があふれ、人と人が出会う場所が用意され、子どもたちが創造的に楽しめる場所があり、2つの都市にちなんだいろいろな商品が売られている。

　セイジ・ゲーツヘッドのすぐそばにはバルチックという現代アートセンターがある。バルチックはタイン川沿いの古い倉庫をリニューアルした建物で、ゲーツヘッドの歴史を感じさせる。しかし、建物はガラスを多く使った近代的な印象を持ち、最上階からはタイン川とそこに架かる橋を一望できる。筆者が訪れたときには、地中海を経由し、生死に関わるつらい経験をしながらヨーロッパに渡る難民をモチーフにした作品が展示されていた。

　バルチックでは歴史という縦軸だけではなく、世界という横軸からも、まちを見る視線が現れていた。そして、ここでも、

ローカルヒーローの記念章

子どもたちがアートと出合い、アートを利用して遊べる、広い場所が設けられている。

　ニューカッスル・アポン・タインのまちを歩けば、そこここに歴史的な層を意識させるデザインがある。

　スペイン内戦において、イギリスが国としては手をこまねいていたこと、それによってスペインでファシスト政権が樹立されてしまったことを述べる碑には、ファシスト政権と戦うために、義勇軍としてニューカッスル・アポン・タインからスペインに渡り戦死した人たちの名が記されていた。ここにも、歴史と世界の交点として自分たちのまちを捉えるデザインがある。

　また、タイン川沿いのあちこちの歩道には、両都市の栄誉市

レイン・アート・ギャラリー

民として、ミュージシャン・コメディアン・アーティスト・演劇人・学者などの円形の記念章が、一つひとつ埋め込まれている。両都市の身近な過去を意識させるとともに、2つの都市を「ひとつのまち」として伝えようとしていることがよくわかるデザインだ。

 そのタイン川沿いで日曜には、屋台によって様々な国の料理が賄われ、多くのまちの人たちが楽しんでいるのも印象的だ。

 そうした中でも、ニューカッスル・アポン・タインのレイン・アート・ギャラリーは「まちを語る」仕掛け、「まちに関わる」仕掛けに満ちていた。

 特に1階には、時代やテーマごとにコレクションが展示され、2つの都市の歴史や現在を学び、考えさせるものになって

いる。展示も見るだけではなく、触ったり、動かしたりできる
ものもある。ここでもまた、主に子どもたちを対象に、様々に
体験を促す仕掛けもある。イギリスの多くの美術館がそうであ
るように、レイン・アート・ギャラリーも無料である一方で、
寄付がどのような意義を持つかが積極的に語られている。

　このように、ニューカッスル・アポン・タインとゲーツヘッ
ドを見てきて、「文化」ということばについて改めて考えるこ
とになった。「文化」ということばではわかりにくいが、英語
のカルチャーということばを考えることで、わかってきたこと
がある。

　カルチャー（culture）は「耕す」を意味するラテン語に由
来するという。文化はまちを耕すものだった。筆者はニュー
カッスル・アポン・タインとゲーツヘッドを訪れる前に「この
両都市で、まちに関わる人たちが『文化』を語り得るのだろう
か」という問いを立てていた。この問いそのものが誤りだっ
た。「文化」は語るものではない。「文化」は、まちがどのよう
にここまできたのかという層を耕し、人に語らせるものだ。

　「文化によるまちづくり」などということばがある。それは、
文化財を見せて何となく高尚な気分にさせることを意味するも
のではない。「文化によるまちづくり」とは、まちを語る仕掛
けを縦横に用意し、まちに関わる人たちのコンフィデンス、ア
スピレーションを高め、まちの推奨意欲や参画への想いをつく

ることを意味する。まさに、本書で述べてきたシティプロモーションの重要な一角だ。

別々の都市であるニューカッスル・アポン・タインとゲーツヘッドが連携できるのも、このような取組みの中で今まで培った、まちの「空気」「雰囲気」としてのブランドに基づく。

そのため、連携を弱めることはブランドを毀損することになる。まちを連携させるトリガーとしてもエンジェル・エフェクトは機能している。

3. 私たちが学ぶものは何か

　ポートランド及びニューカッスル・アポン・タインとゲーツヘッドの取組みを見てきた。

　私たちはシティプロモーションを実現するに当たり、ここから何を読み取ることができるだろう。既に、それぞれの都市において触れてきたが、改めてまとめてみよう。

　まず、ビッグ・ピクチャ（大きな絵）を持つことの重要性だ。まちをどのような姿にするのかという「絵」を持たないまま、行き当たりばったりに、時々に思いついたアイデアを実践し、先進的と呼ばれる事例をまねしてみても、まちに関わる人々の納得を得ることはできない。

　本書では、ビッグ・ピクチャを、ボディコピー・メインメッセージ、必要に応じたサブメッセージという構造によるブランドメッセージを用いて明らかにする考え方を示してきた。

　こうしたまちのあり方を明らかにしないまま、シティプロモーションを実現することはできない。

　それぞれのまちが、それぞれに異なった方向に向けて大きな可能性を持つとしても、その方向、その可能性が明確でなければ、まちに関わる人々は、まちを推奨し、参加し、感謝することはできない。

次に、シティプロモーションは、スモール・ピクチャとして
の個人の絵をないがしろにしてはならないということだ。シ
ティプロモーションがまちに関わる人々個々の想いを取り込め
ない、ビッグ・ピクチャやブランドメッセージを掲げるだけの
ものであれば、まちに関わる人々にとって、シティプロモー
ションは他人事だ。

　ビッグ・ピクチャとスモール・ピクチャ、ブランドメッセー
ジと個人の暮らし、まちの今後の可能性と一人ひとりの生活を
つながなければならない。そのために必要な発想が、シティプ
ロモーションは「物語」を大事にしなければならないというこ
とになる。

　まちのありさまを日常からつくりだす、醸しだす人々の物語
に注目すること。その物語を編み上げることで、ビッグ・ピク
チャが描かれるのだという意識が重要になる。まちのために人
があるのではなく、人のためにまちがあるのだという確認でも
ある。

　3つ目に、シティプロモーションを展開するためには、まち
の「空気」「雰囲気」に敏感になることが求められる。シティ
プロモーションが往々にして、まちの「順位」に敏感になって
しまっていることへのアンチテーゼでもある。

　まちはひとつの物差しで測れるほどつまらない存在ではな
い。多くの物差しを自ら考案し、その様々な物差しでまちを測

り、それらを編み上げることで、まちの「空気」「雰囲気」を示す。テキサスにあるダラスと、オレゴンのポートランドは異なったまちだ。その「空気」「雰囲気」を明らかにすることで、それぞれのまちにしっくりくる人に呼びかけることが可能になる。このことは、ブランドメッセージとまちの「空気」「雰囲気」の関係にも関わる。

　様々な理由でまちの「空気」「雰囲気」は徐々に、あるいは急激に変化する。そうであれば、ブランドメッセージを後生大事に保つことがシティプロモーションではないことも明らかだ。

　常にまちの「空気」「雰囲気」に敏感になり、必要に応じ、リ・ブランドを行うことも躊躇してはならないはずだ。

　シティプロモーションを実現するために必要な4つ目の視点を、ニューカッスル・アポン・タインとゲーツヘッドから学ぶことができる。

　エンジェル・エフェクト。まちには楔（クサビ）が必要になる。すべてのまちが巨大な構築物をつくるべきだといっているわけではない。それぞれのまちの「空気」「雰囲気」を示す楔を発見し、あるいはつくりだすことで、まちは語りやすくなる。

　ことばとしてのブランドメッセージ、それを編み上げる個人個人の「物語」、それに加えて、楔を持つことが求められる。

楔とは、過去という層に鋭く差し込まれた存在でもある。まちの表面、現在だけに浮遊するものではなく、このまちをつくってきた過去の歴史に準拠しながら存在することが必要だ。

そして、このことがシティプロモーションを実現するための５つ目のポイントにつながる。

ニューカッスル・アポン・タインとゲーツヘッドのローカルヒーロー、レイン・アート・ギャラリー。このまちがどのようにできてきたのかを語る仕掛けを用意すること。

楔が差し込まれた歴史の層、時の層、いわば「時層」を常に意識させ、今のまちの「空気」「雰囲気」がどのような存在によってつくられ、醸されてきたかを物語るための手がかりが必要になる。

その物語は、自らの個人的な絵であるスモール・ピクチャとまちのありよう、方向性を示すビッグ・ピクチャをつなぐ物語でもある。

ポートランド及びニューカッスル・アポン・タインとゲーツヘッドは、私たちに問いを投げている。「あなた方はまちをどのようなものだと思っているのか」と。

今、私たちは、その問いに答えられるだけの力を持った。シティプロモーションはまちに関わる人々をいつまでも幸せにするための道具だと理解したのだから。

おわりに

　シティプロモーションは「どうも魔法の杖ではなさそうだ」と思い始めてきただろうか。

　確かに一振りすれば、たちどころに課題解決するというものではなさそうだ。それでも、今まで述べてきたことを的確に行えれば、そこそこ役に立つ杖のようにも思われる。

　しかし、ここでも注意が必要だ。魔法の杖にも振り方がある。シンデレラを美しく着飾らせる魔法の杖と、ハリー・ポッターの魔法の杖と、セーラームーンの魔法の杖は、ずいぶんと振り方が違う。

　そして、とても大事なこと。

　シティプロモーションを1人で抱え込んではならない。シティプロモーションをシティプロモーション担当だけで抱え込んではならない。シティプロモーションを役所だけで抱え込んではならない。

　荷を下ろす勇気を持つ。「これはできない」ということを恐れるな。

　それは投げだすことを意味しない。それは、どのように任せるかという意味である。任せるためには熟達の手練手管が必要だ。ただ荷を渡しても人は動かない。

その荷を運ぶことが、あなたにとってすてきなことであることを、どのように示せるのか。

　この本は、それを学ぶために読んでほしい。

　そして、この国で疲れ果てようとしているシティプロモーションに関わる人たちが、同じことばを話し、互いに力づけ合られる。そうしたことばを築くために、本書は編まれた。

　この国で一歩を進もうとシティプロモーションを志すものよ、連携せよ！

著者紹介

河井　孝仁（かわい　たかよし）
東海大学文学部広報メディア学科教授

［略歴］
博士（情報科学・名古屋大学）
静岡県庁入庁。静岡県庁企画部情報政策室、財団法人静岡総合研究機構派遣等を経て、2010年より現職。総務省地域情報化アドバイザー、公共コミュニケーション学会会長理事、日本広報学会常任理事、社会情報学会理事、総務省地域情報化アドバイザー、日本広報協会広報アドバイザーなどを務める。静岡県富士市、栃木県那須塩原市、岩手県北上市、愛知県名古屋市など多数の自治体のシティプロモーションに関わる。

［主な著書］
『地域を変える情報交流　創発型地域経営の可能性』（2009年、東海大学出版会）
『シティプロモーション　地域の魅力を創るしごと』（2009年、東京法令出版）
『シティプロモーションでまちを変える』（2016年、彩流社）
『ソーシャルネットワーク時代の自治体広報』（編著）（2016年、ぎょうせい）など多数。

サービス・インフォメーション

――― 通話無料 ―――

①商品に関するご照会・お申込みのご依頼
　　　　　　TEL 0120(203)694／FAX 0120(302)640

②ご住所・ご名義等各種変更のご連絡
　　　　　　TEL 0120(203)696／FAX 0120(202)974

③請求・お支払いに関するご照会・ご要望
　　　　　　TEL 0120(203)695／FAX 0120(202)973

●フリーダイヤル(TEL)の受付時間は、土・日・祝日を除く
　9:00～17:30です。
●FAXは24時間受け付けておりますので、あわせてご利用ください。

「失敗」からひも解くシティプロモーション
　―なにが「成否」をわけたのか

平成29年10月15日　　初版発行

著　者　河　井　孝　仁

発行者　田　中　英　弥

発行所　第一法規株式会社
　　　　〒107-8560　東京都港区南青山2-11-17
　　　　ホームページ　http://www.daiichihoki.co.jp/

シティプロモ　ISBN978-4-474-05976-4　C0036　(6)